die indische küche

Dieses Buch ist meiner Familie gewidmet, die die Kraft und Stütze meines Lebens ist: meiner Großmutter (»Patti«), die meiner kulinarischen Reise den Weg bereitete, meiner *Amma* (Mutter), die meinen Gaumen verwöhnte, und meinem *Appa* (Vater) für all seine Hilfe und Unterstützung. Meiner besseren Hälfte, der schönen Suba, für ihren Ansporn, ihre Geduld und dafür, dass sie ein Teil meines Lebens ist. Für ihren unermüdlicher Einsatz bei den Recherchen für dieses Buch, für ihre Reisen mit mir durch ganz Indien und für ihr tapferes Ertragen all der Fleisch- und Fischvorbereitungen, obwohl sie strikte Vegetarierin ist. Und unseren Söhnen Abhinav und Akilesh dafür, dass sie unser Leben versüßen und für ihre Hilfe im *Abhi's* und *Akhi's*.

inhalt

willkommen an unserem tisch ix	vorwort
xi	vannakam
1	salzig
31	bitter
59	sauer
101	würzig
159	süß
207	würzsaucen & beilagen
222	glossar
228	register

vorwort

Ich arbeitete gemeinsam mit Helen Greenwood als Gastro-Kritiker für den *Sydney Morning Herald*. Der modische franko-australische Stil hatte die Szene damals fest im Griff und so machte ich es mir zur Aufgabe, Sydney nach guten Restaurants anderer Länderküchen zu durchforsten. Gilbert Laus *Flower Drum* hatte mit erstklassigen australischen Produkten und traditionellen chinesischen Techniken bewiesen, wie gut die kantonesische Küche sein kann. Tetsuya erfand gerade seine eigene japanisch-französische Hybridküche und erntete weltweiten Beifall. Doch die andere große Weltküche war ein einziges Desaster – die indische. Ich begegnete feuerwehrroten Kebabs, staubtrockenen Tandoori-Hähnchen, ätzend scharfen Vindaloos (feurige Currygerichte mit Huhn oder Schwein), pappigem Brot und langweiligen Currys von absonderlichem Geschmack. Und unter all der faden Würze verbargen sich mittelmäßige Zutaten. Es war eine Beleidigung für eine großartige Küche. In London hatten die *Bombay Brasserie* und *The Red Fort* bewiesen, dass die indische Küche ganz oben mitmischen kann, warum gelang das nicht in Australien, warum verkam indisches Essen hier zum billigen Fraß vom Takeaway?

Nach einem geschäftlichen Treffen schaute ich auf einen schnellen Lunch bei *Abhi's* rein. Das Lokal sah aus wie jeder andere Vorstadtinder, so waren meine Erwartungen nicht allzu groß. Es war jedoch eine Offenbarung. Die Kebabs waren nicht rot, das Tandoori-Chicken saftig und aromatisch, die Tandoori-Lammkoteletts bestachen durch Top-Qualität, die Currys durch eine erstaunliche Bandbreite an frischen Aromen und das Brot war schlicht perfekt. Kein Zweifel, hier gab es gutes traditionelles indisches Essen, kunstgerecht und mit Hingabe zubereitet. Gleich tags darauf ging ich erneut hin und am Ende des Abends zeigte mir Kumar stolz seine Gewürzmühle, mit der er Tag für Tag seine Masalas herstellt.

Schon bald schrieb ich eine Kritik mit dem Titel »Die Suche hat ein Ende«. Sydney hatte endlich ein gutes indisches Restaurant. Die Leute strömten ins *Abhi's*. Viele Restaurants erleben nach einer lobenden Kritik einen regelrechten Ansturm, um gleich darauf wieder in Vergessenheit zu geraten, nicht so Kumar. Er begrüßte die neuen Gäste, wurde ihr Freund, eröffnete ihnen den ganzen Reichtum der indischen Küche – und schließlich das *Aki's*.

Im *Aki's* wollte Kumar traditionelle indische Küche im exklusiven Gewand bieten, doch ich hatte einen anderen Vorschlag. Zeig uns die moderne indische Küche, zeig uns die regionalen Spezialitäten, serviere uns Gerichte, von denen wir noch nie gehört haben, drängte ich ihn. Kumar versprach Speisen anzubieten, die man in den besten Häusern Mumbais serviert. Seit ich mit Kumar in Indien war, weiß ich, er kann es noch besser. Kumar hat seinen eigenen Stil entwickelt, basierend auf klassischen indischen Techniken, doch mit einem wunderbaren australischen Akzent, dank unserer erstklassigen Produkte und Kumars eiserner Entschlossenheit, immer der Beste zu sein.

Kumar und Suba haben sich mit Leib und Seele ihren Restaurants verschrieben und ich bin sicher, sie sind noch für manche Überraschung gut. Jedenfalls ist ihre Suche noch lange nicht vorbei.

Les Luxford

vannakkam

Willkommen an unserem Tisch

»Vannakkam« ist Tamilisch und bedeutet »Willkommen«. In dem Bundesstaat, in dem ich geboren wurde, glauben die Menschen, anderen Essen zu servieren, sei ein Dienst an der Menschheit. Haben Sie teil an unserer Kultur, Familie und Tradition, begleiten Sie uns auf unserer kulinarischen Reise durch Indien und durch dieses Buch und lernen Sie zu kochen, was wir so gerne essen.

Kumar

Unsere Familie hat einen Astrologen, den wir um Rat fragen, wenn wichtige Entscheidungen anstehen. Wir können uns glücklich schätzen, einen guten Astrologen zu haben. Er half mir, meine Frau Suba zu finden, mit der ich jetzt seit zwanzig Jahren verheiratet bin. Erst schien es, als würden wir nicht zusammenpassen, aber er wusste es besser. Mein Leben ist nicht so verlaufen, wie viele erwartet hatten, doch ich könnte nicht zufriedener sein. Vielleicht stehen manche Dinge ja doch in den Sternen, nur gelingt es nicht immer, sie zu sehen.

Ich wuchs in einer Stadt namens Tirunelveli im Bundesstaat Tamil Nadu am südlichen Zipfel Indiens auf. Sie liegt 700 Kilometer südwestlich der Hauptstadt Chennai. Jeder kannte unser Haus als die »Nummer 108«. Wir lebten dort alle zusammen – meine Großmutter Meenakshi, ihre zwei Söhne (mein Vater und mein Onkel) und ihre Frauen, mein Bruder, der heute in Australien lebt, meine Schwester und vier Cousins und Cousinen.

Patti, eine respektvolle Anrede für Großmutter, hatte den größten Einfluss auf meine Küche. Sie war das SALZ, die prägende Zutat meiner Kindheit. Patti hatte eine unglaublich gute Nase, ich habe sie geerbt. Die Nase ist mein feinstes Sinnesorgan. Sie ist die bestimmende Größe in meiner Küche und von zentraler Bedeutung für den Geschmack. Meine Köche sagen immer, ich hätte Spürhund werden sollen. Sobald ihre Kinder geheiratet hatten, stellte Patti Meenakshi das Kochen ein. Sattdessen saß sie in der Küchenecke, schaute ihren Schwiegertöchtern zu und sagte ihnen, was sie zu tun hatten, vor allem, in welcher Reihenfolge die Gewürze zugegeben werden mussten. Dann schnupperte sie kurz und sagte etwas wie »Das ist verbrannt!« oder »Das Aroma ist hin!«. Als ich begann, meine Mutter Gomathi ähnlich zu kritisieren, antwortete sie, »Du bist ja schlimmer als meine Schwiegermutter!«

Wir waren Vegetarier und Patti hatte sehr feste und strenge Ansichten darüber, was zu einer guten Mahlzeit gehörte. Sie musste vier verschiedene Gemüse umfassen, zwei Linsensorten, zwei Chutneys, dazu Papadams und Pickles und zwei Reiszubereitungen oder Chapatis, alles in kleinen Mengen. Ihr gingen Vielfalt und Qualität vor Quantität. Bis zum heutigen Tage mag ich meine Mahlzeiten genau so, mit allem Drum und Dran, selbst wenn ich um Mitternacht hungrig von der Arbeit nach Hause komme.

Patti servierte uns immer das Mittagessen, wenn wir aus der Schule kamen, klärte uns über die richtigen Geschmackskombinationen auf und wie man ein Mahl harmonisch ausbalanciert. Sie machte eine Art Ratespiel daraus, fragte uns, ob wir ein verstecktes Gewürz oder irgendwelche Zutaten herausschmeckten. Oft aßen wir gemeinsam mit Freunden und Nachbarn und mit Patti am Herd war es immer lehrreich und machte allen Spaß.

Meine Großmutter war das SALZ, die prägende Zutat meiner Kindheit.

> es war eine zeit der Auflehnung gegen meine familie, die kämpfe waren BITTER.

Mit sieben war ich auf jeden Geschmack und jedes Aroma neugierig, aber meine Eltern ermahnten mich immer, »Mäßige deine Zunge!«: Sie glaubten, man könne kein Akademiker werden, wenn man die Zunge zu wichtig nimmt. Der Verstand stumpft ab, wird taub vom vielen Essen und man konzentriert sich nicht mehr aufs Studieren. Das ist brahmanische Philosophie. Ich wurde als Brahmane aufgezogen, als Angehöriger der Priesterkaste. Brahmanen gelten als Gelehrte und Intellektuelle, nicht unbedingt als Feinschmecker. Sie mögen saubere Aromen. Ich mag mich seit damals sehr verändert haben, doch in meiner Küche geht es immer noch um reine, klare Aromen.

Alle erwarteten, ich würde Arzt oder Ingenieur werden, ich aber schlich mich in die Küche, während die anderen dachten, ich würde lernen. Als ich acht war, zeigte mir Patti, wie man *rasam* zubereitet, eine Linsensuppe, die zu jedem südindischen Mahl gehört. Viele glauben, sie sei ganz simpel, doch in ihrer Schlichtheit liegt eine hohe Komplexität und Raffinesse. Es gibt sechs Arten von *rasam*, die je nach Jahreszeit und zu kurierendem Leiden zubereitet werden, von Pfeffer-*Rasam* gegen Erkältungen und Grippe bis zu Limetten- oder Tamarinden-*Rasam* für ein gesundes Herz.

Patti betonte immer das ayurvedische Wesen des Essens. Der Begriff Ayurveda stammt aus dem Sanskrit und bedeutet Langlebigkeit und Weisheit, es ist eine traditionelle Heilkunst. Patti sagte immer: »Essen ist die Essenz des Lebens.« Bis heute hält unsere Familie ihre Rezepte in Ehren und achtet auf eine gesunde Ernährung.

Ich war 16 und hatte gerade ein Wirtschaftsstudium an der Universität von Madras aufgenommen, als sich das Schicksal gegen unsere Familie wendete. Mein Vater handelte mit Stahlwaren, doch das Geschäft brach ein und hinterließ einen Riesenberg Schulden. Ich blieb nicht einmal einen Monat an der Uni. Mein Vater konnte die Familie nicht mehr ernähren, wir standen finanziell mächtig unter Druck, als ein entfernter Freund mir empfahl, das *Madras Catering College* zu besuchen. Ich wollte für mein Leben gern kochen können und packte die Gelegenheit beim Schopfe, doch es war schwierig, meine Eltern von der Richtigkeit dieser Entscheidung zu überzeugen. Ich wollte meinem Vater helfen, seine Schulden zu begleichen. Ein Vollstipendium für die dreijährige Ausbildung half, doch gab es große Spannungen in der Familie, da es kein standesgemäßer Beruf für einen Brahmanen war. Es war eine Zeit der Auflehnung gegen meine Familie, die Kämpfe waren BITTER. Ein Verwandter lehnte es monatelang ab, mit mir am selben Tisch zu essen. Köche standen niedriger im Rang und galten per Definition als unintelligent. Ich war am Boden zerstört, was mich in meiner Rebellion jedoch noch bestärkte.

Meine Ausbildung begann gleich am ersten Tag mit einem Riesenschock. Für Brahmanen ist es Sünde, Fleisch zu essen, auch Zwiebeln und Knoblauch, die als Aphrodisiaka gelten, betrachten sie mit Argwohn. Nach meinem ersten Bissen Fleisch musste ich mich übergeben. Ich rannte aus der Klasse und hörte nicht auf zu spucken. Geschmack und Konsistenz waren mir völlig fremd. Ich versuchte Fleisch zu meiden, doch wollte ich ein guter Koch werden, hatte ich keine Wahl. Es dauerte vier Monate, bis ich mich daran gewöhnt hatte. Ich trainierte langsam meinen Gaumen, indem ich die Saucen, weniger das Fleisch darin, probierte.

Nach einem Jahr fand ich für den Sommer einen Job im Fünfsternehotel *Taj Mahal Palace* in Bombay (heute Mumbai). Ich war 17 und der Unerfahrenste unter den Praktikanten, doch meine Energie war grenzenlos.

Im Wissen um die Schulden der Familie schob ich Doppel-, manchmal sogar Dreifachschichten, arbeitete 18 Tage am Stück und wohnte bei einer Tante, die 90 Zugminuten entfernt lebte. Wie das Schicksal es wollte, steckten sie mich in die Schlachterei zu einem griesgrämigen alten Koch. Meine erste Aufgabe war, Hähnchenkeulen die Haut abzuziehen. Am zweiten Tag musste ich sie ausbeinen. Meine zerschnittenen, mit Pflastern gespickten Hände ermahnten mich, besser zu werden. Ich lernte, mit Fleischstücken umzugehen, die ich nie zuvor gesehen hatte, und wurde ein richtiger Experte. Cyrus Todiwala, ein parsischer Koch, der heute das *Café Spice Namasté* in London führt, betreute mich im Praktikum. Zwischen den Schichten half ich im Zimmerservice, um weitere Erfahrungen zu sammeln. Ich hatte nur ein großes Problem. Ich sprach Tamil, nicht Hindi, die Sprache Bombays. Die anderen hänselten

mich und erfanden falsche Begriff für Küchentechniken, die ich auch noch lernte. Doch mit der Zeit schnappte ich genug auf, um zurechtzukommen.

Meine Abneigung gegen Fleisch verschwand und als ich ans College zurückkehrte, parierte ich für Klassenkameraden das Fleisch, wenn sie im Gegenzug eine Arbeit übernahmen, die ich nicht mochte, zum Beispiel Zwiebeln hacken. 1979 machte ich neunzehnjährig meinen Theorieabschluss und bekam von fast jedem Fünfsternehotel in Indien einen Job angeboten. Ich ging zurück ins *Taj* für ein Gehalt von 640 Rupien, etwa 80 Dollar im Monat, und absolvierte die praktische Prüfung im Schnelldurchlauf in der Hälfte der üblichen Zeit. Am Ende verstand ich auch etwas von französischer und chinesischer Kochkunst und ich entdeckte die Straßenküche Bombays, die wir in unserer freien Zeit genossen. Das war der Schub, den ich brauchte – die Dosis SAUER, die mich wach rüttelte und meine Sinne schärfte.

Ich schickte die Hälfte meines Lohns nach Hause, aber es reichte nicht, um die Schulden meines Vaters zu bezahlen, selbst das Doppelte hätte nicht genügt. Meine Mutter musste sich einer Operation unterziehen und einmal mehr kam das Schicksal zu Hilfe. Das *Sheraton* eröffnete 1981 ein neues Hotel im irakischen Basra, wo ich einen Job annahm. Mein Gehalt stieg um das Zehnfache. Der Wermutstropfen: mein Arbeitsplatz war Kriegsgebiet. Der Krieg zwischen dem Irak und Iran ging ins zweite Jahr und wir waren nur 20 Kilometer von der feindlichen Grenze entfernt. Wir befanden uns sprichwörtlich in vorderster Front der ständigen Schusswechsel.

Unser Zuhause war eine wohnwagenähnliche Behausung im nahe gelegenen Personaldorf, doch ein Leben außerhalb des Hotels gab es nicht – ein Kollege, der sich einmal hinauswagte, um Zigaretten zu holen, kehrte mit Granatsplittern im Bein zurück. Seine 40 Zentimeter dicken Mauern machten das Hotel zusätzlich zum Luftschutzbunker. Als die Bombardements intensiver wurden, zogen wir ganz ins Hotel um, manchmal für Tage, manchmal über Wochen. Die längste Phase hinter Schloss und Riegel dauerte fast zwei Monate. Bis 1984 hatte sich die Lage weiter verschlechtert und viele leitende Angestellte waren gegangen. Lebensmittel wurden knapp. Wir mussten mehrere Monate ohne Eier und Butter auskommen. Die Schulden meines Vaters waren beglichen, ich hatte genug und kehrte nach Bombay zurück.

Mein nächstes Abenteuer begann in Gestalt eines Artikels in der *Times of India*. Das *Tea Board of India* und *Air India* hatten zur internationalen Förderung der indischen Kultur in London und Sydney zwei Restaurants eröffnet und suchten Köche. London klang ideal. Ich bekam einen Job, doch schickten sie mich im August 1985 nach Australien. Mit einem Oneway-Ticket und einer unbefristeten Aufenthaltsgenehmigung traf ich mit zwei weiteren Köchen in Sydney ein. Alles, was ich über meine neue Heimat wusste, war, dass die Australier gut im Cricket waren und die Frauen sich oben ohne sonnten. Das Erste, was mir auffiel, waren der makellos blaue Himmel und die kräftigen Farben, doch schon sechs Stunden nach unserer Ankunft begann unsere erste Schicht im *Mayur* am Martin Place. Es war ein dreistöckiges Restaurant mit 100 Plätzen, das traditionelle indische Kost servierte. Berühmtheiten wie Elton John, Mick Jagger und der König von Bahrain gingen dort aus und ein. Die Leute liebten es, uns an dem offenen Tandur bei der Arbeit zuzusehen, doch war die Küche viel kleiner, als ich von anderen Hotels gewohnt war. Die Bedingungen waren hart. Wir arbeiteten 96 Stunden pro Woche, verteilt auf sechs Tage für einen Hungerlohn. Wir hatten einen Vierjahresvertrag unterschrieben, mit einer Klausel, die unseren Eltern bei vorzeitigem Weggang hohe Strafzahlungen auferlegte. Wir teilten uns ein Einzimmerappartment in der Stadt mit drei Matratzen auf dem Boden. Das Leben bestand aus harter Arbeit, sonst nichts, mein einziges Ziel damals war zu überleben.

> Das war der Schub, den ich brauchte –
> die Dosis SAUER, die mich wach rüttelte
> und meine Sinne schärfte.

Suba ist mein SPICE Girl, der unverzichtbare Schwung in all meinen Bemühungen.

Ein Jahr später wollte ich langsam sesshaft werden und sagte meinem Vater, dass ich ein indisches Mädchen zum Heiraten suchte. Trotz meiner Abenteuer in der Ferne fühle ich mich meiner Heimat eng verbunden und bin stolz auf unsere Kultur. Es liegt mir am Herzen, sie zu bewahren und meinen Kindern zu vererben. Mein Vater setzte eine Annonce in die Zeitung mit einem Gesuch für eine »Verbindung«. Es ist ein so merkwürdiges Wort, doch wenn ich an meine Hochzeit mit Suba zurückdenke, passt es irgendwie.

Ich wusste nichts über sie, doch der Astrologe erzählte meinen Eltern, wir würden gut zusammenpassen. Dabei schienen wir vollkommen gegensätzlich – ich bin laut, tatkräftig und voller Ehrgeiz, Suba ist dagegen schüchtern, zurückhaltend und ruhig. Dem Astrologen ging es jedoch um die langfristige Vereinbarkeit, und wie die Gewürze in der indischen Küche wird die Strenge des einen durch die Feinheit des anderen gemildert und ergänzt.

Suba ließ in einem Studio ein Foto machen, auf dem sie sehr ernst dreinblickte. Das Erste, worauf ich bei einer Frau achte, sind die Augen. Sie sagen viel aus, doch diese auf dem Foto nicht, also bat ich sie um ein anderes Bild. Sie schickte mir eines mit ihrer jungen Cousine, das sie lächelnd zeigte und ihr heiteres Naturell verriet. Wir schrieben uns Briefe, die zwei Wochen unterwegs waren, telefonierten miteinander, trafen uns aber erst zehn Tage vor der Hochzeit. Ich hatte weder Zeit noch Geld, zur Verlobung nach Indien zu fliegen. Nur drei Monate lagen zwischen dem Gesuch nach einer »Verbindung« und der Hochzeit. Drei Tage bevor ich nach Indien aufbrach, trafen die Verlobungsfotos ein. Die Hochzeit fand im Juli 1987 in Chennai mit Tausenden von Gästen statt. Sie dauerte zwei Tage, für meinen Geschmack etwas zu lange, bis wir zu unserer dreitägigen Hochzeitsreise nach Kodaikanal, einem Ferienort in den Bergen, aufbrechen konnten. Endlich hatten Suba und ich Gelegenheit, allein miteinander zu reden.

Ich flog zurück nach Australien, um zu arbeiten, meine Frau folgte drei Monate später zusammen mit meiner Mutter. Der Astrologe schickte sie mit den Worten, sie müsse so lange bleiben, bis Suba und ich uns verstünden. Sie war die Brücke. Er erklärte ihr: »Du musst deinen Sohn mäßigen, deine Schwiegertochter unterstützen und sie vor dem kleinen Teufel beschützen«, mit dem natürlich ich gemeint war. Ich nehme kein Blatt vor den Mund, nenne die Dinge beim Namen, Suba ist eher das Gegenteil.

Mein Schwiegervater hatte gesagt: »Meine Tochter ist eine großartige Köchin.« Doch nachdem wir verheiratet waren, stellte ich fest, dass sie gar nicht kochen konnte. Ich fragte ihn: »Warum hast du für deine Tochter die Unwahrheit gesagt?« Heute ist Suba zweifellos eine gute Köchin, obwohl sie noch immer Vegetarierin ist.

Meine Mutter blieb zwölf Monate, bis unser erster Sohn geboren wurde. Ich traf Suba zwischen den Schichten im Park, damit wir mal allein waren. Die Arbeit war hart. Ein Freund verdiente woanders das Dreifache, ich war also unterbezahlt. Nur wenige Stunden nach der Geburt unseres Sohnes Abhinav (Abhi) im Jahr 1988 zitierte man mich zurück an den Herd. Jahrelang hatte ich an dieser Kränkung zu tragen, immerhin hat sie mich gelehrt, wie man Menschen NICHT behandelt.

Ich war todunglücklich und wollte gehen. Ich erzählte es meinem Vater, der den Astrologen konsultierte. Er sagte, ich hätte eine glänzende Zukunft in Aussicht, doch jetzt sei nicht der richtige Zeitpunkt zu gehen, also hielt ich durch. Wie es kommen musste, war das *Mayur* nach zwei Jahren am Ende und ich war auf einen Schlag frei. Ich hatte die indische Küche satt und wollte alles kochen, nur keine Currys. Suba war der Fels in der Brandung. Sie sagte: »Vertraue auf dein Talent.«

Ende 1989 kochte ich im *Café Sorrentino* am Circular Quay in Sydney und freundete mich mit dem Besitzer Doug Moxon an. Wir beschlossen, gemeinsam ein indisches Restaurant zu eröffnen. Es dauerte sechs Monate, bis wir einen geeigneten Ort in North Strathfield fanden. 1990 öffnete das nach meinem Sohn benannte *Abhi's* die Türen. Doug blieb sieben Jahre mein Partner, noch heute sind wir gute Freunde.

Das *Abhi's* sollte anders sein. Wir hatten keine Somosas oder Pakoras auf der Karte. Ich wollte Traditionelles wie Zeitgemäßes bieten, um die große Vielfalt der indischen Regionalküchen zu demonstrieren. *Palak patta chaat*, ein Street-Food-Klassiker, in einem Teig aus Kichererbsenmehl frittierten Spinatblättern mit dreierlei Chutneys und Joghurt mit Kreuzkümmel, stand auf der ersten Karte und wurde schnell zum Markenzeichen. Dosa, ein dünner Pfannkuchen aus Reismehl und Linsen aus meinem Geburtsort in Südindien, war auf Anhieb ein Renner.

1991 wurde unser zweiter Sohn Akilesh geboren. Es waren schwierige Jahre, bis Les Luxford im April 1994 im *Sydney Morning Herald* eine Kritik über uns veröffentlichte. Er schrieb, er habe das beste indische Essen in ganz Sydney gefunden. Der Erfolg kam praktisch über Nacht.

Die ganze Straße hinunter zog sich die Schlange, es hieß: Alle Mann an Deck. Ich rief Suba an, sie sollte mir abends im Restaurant helfen.

Subas wahre Stärke erkannte ich, als ein vermeintlich zuverlässiger Angestellter uns eine beträchtliche Summe Geld stahl. Wir waren jung, vier Jahre verheiratet, hatten zwei kleine Kinder und mühten uns, über die Runden zu kommen. Ich war absolut am Boden zerstört und heulte. Da sagte Suba etwas, was ich mein Lebtag nicht vergessen werde: »Dieser Mensch hat dir nur dein Geld gestohlen, lass dich nicht noch deiner mentalen Stärke berauben.«

Darauf fand ich mein Selbstvertrauen zurück. Suba ist unglaublich scharfsinnig und stark. Sie ist der Schlüssel zu meinem Erfolg, die treibende Kraft bei allen Entscheidungen. Heute ist sie meine größte Kritikerin und korrigiert mich ständig. Sie schrieb die Karte zum 21. Geburtstag des *Abhi's*. So gut versteht sie sich inzwischen auf unser Geschäft. Ich bin unglaublich stolz auf sie. Suba ist mein SPICE Girl, der unverzichtbare Schwung in all meinen Bemühungen.

Das *Aki's* eröffnete im November 2003 am frisch restaurierten Woolloomooloo Wharf, das erste in einer ganzen Reihe von Trendlokalen entlang der Uferpromenade. Es war ein sehr riskantes Unterfangen, da die indische Küche in der Top-Gastronomie Australiens noch immer nicht anerkannt war. Da ist noch mit vielen falschen Vorstellungen von indischer Esskultur aufzuräumen und genau das versuchen wir dort. Der Schwerpunkt liegt auf Fisch und Meeresfrüchten. Unsere Spezialität »Krabben-Iddiappam« ist ein wunderbares Beispiel für das gelungene Zusammenspiel von Tradition, Innovation und erstklassigen regionalen Produkten. Es scheint zu funktionieren. 2011 bekam das *Aki's* vom *Sydney Morning Herald Good Food Guide* eine Kochmütze verliehen.

Meine anderen Leidenschaften sind die Fotografie, der Wein und das Reisen. Ich liebe australischen Wein und bin sehr stolz auf unsere Weinkarten. Außerdem habe ich die Geschichte und regionale Vielfalt der indischen Küche erforscht und jedes Jahr besuchen wir unser Heimatland, um den Geschmack Indiens neu zu entdecken und besser zu verstehen. Es ist erstaunlich, wie sehr sich ein Gericht innerhalb nur weniger Kilometer in Gestalt, Duft, Geschmack und Konsistenz wandeln kann.

Unsere Söhne sind jetzt in den Zwanzigern und helfen in den Restaurants aus. Eine glückliche Familie und eine erfüllende Arbeit, das ist genau die SÜSSE Balance, die ich immer gesucht habe. Als Familie halten wir eng zusammen und nach wie vor pflegen wir ein enges Verhältnis zu unserem Astrologen. Er ist inzwischen an die 80 und sagt mir noch immer, tu dies nicht, tu das … Er hat uns sogar beraten, wann unsere Kinder heiraten sollten. Wir vertrauen ihm ganz und gar. Schließlich lag er bei Suba und mir auch richtig.

> *Eine glückliche Familie und eine erfüllende Arbeit, das ist genau die SÜSSE Balance, die ich immer gesucht habe.*

suba

Kumar hat *kaivasnai*, was auf Tamil etwa so viel bedeutet wie »ein Händchen für Aromen«. In meiner Familie spielte Essen keine große Rolle. Wir aßen, was auf den Tisch kam, und das war sehr einfach. Das Einzige, was mein Vater vielleicht mal darüber anmerkte, war, ob zu viel oder zu wenig Salz dran war. Kumar dagegen übte offen und häufig Kritik am Essen. Es dauerte eine Weile, bis ich verstand, dass er mit seiner direkten, unverblümten Art niemanden verletzen wollte. Heute bitte ich ihn sogar, ehrlich seine Meinung zu sagen, denn seine Kompetenz in Geschmacksfragen ist unangefochten. Sogar meine Mutter hat Kumar schon um Rat gefragt, um ihre Kochkünste zu verbessern.

Mein Vater Krishnamurthi arbeitete als Ingenieur für *All India Radio*. Alle paar Jahre wurde er versetzt, so wuchs ich in vielen verschiedenen Gegenden auf. Ich wurde in Chennai geboren, begann mit der Schule in Jodhpur und beendete sie in Sangli. Nach einigen Jahren in Mumbai ging ich zurück nach Chennai, machte einen Abschluss in Wirtschaft und bekam einen Job als Ansagerin am Chennai-Central-Bahnhof. Durch die vielen Versetzungen meines Vaters sprach ich vier Regionalsprachen – Hindi, Marwadi, Tamil und Marathi – plus Englisch. Kumar beherrschte nur Tamil.

Von meiner Heirat erfuhr ich zufällig durch ein mitgehörtes Gespräch. Man hatte bereits unsere Horoskope verglichen und Kumars Eltern hatten ihren Besuch angekündigt, um mich zu sehen. Plötzlich nahm mein Leben eine ganz andere Wendung. Die Mädchen in meiner Kaste heirateten Ärzte und Rechtsanwälte, keine Köche. Ich war 21, vollkommen schüchtern und ganz durcheinander, darum überließ ich alles meinen Eltern. Wir wurden nicht gezwungen zu heiraten, wir konnten jederzeit Nein sagen. Dennoch spürte ich den Druck. Unser Schicksal stand über unseren Gefühlen.

Ich machte mir Sorgen, wie wohl das Leben in Australien aussehen würde, zumal ich Indien noch nie verlassen hatte. Aber ich war ja jung, also würde ich schon irgendwie zurechtkommen. Als sie mir Kumars Foto schickten, fragte ich mich, wie groß er wohl sei. Er trug darauf eine Sonnenbrille, darum bat ich um ein anderes Bild. Sein Lächeln gefiel mir. Da ich kein Foto von mir besaß, ließ ich in einem Studio eines anfertigen und schickte es ihm. Er fand mich so ernst darauf und bat seinerseits um ein anderes.

Der nächste Schritt war ein Telefonat, ich hatte noch nie ein Auslandsgespräch geführt. Seine Eltern hatten zu Hause ein Telefon, ich ging zu ihnen hinüber, um ihn anzurufen. Ich war unglaublich nervös. Kumar ist sehr mitteilsam und begann ohne Umschweife Fragen zu stellen. Ich wusste nicht, ob ich Englisch oder Tamil mit ihm sprechen sollte, seine ersten Fragen ließ ich wohl unbeantwortet. Er fragte mich, ob ich kochen könne. Ich sagte Ja. Ich dachte, er meinte die einfachen Gerichte, mit denen ich aufwuchs. Ich antwortete auf alles mit Ja. Es war ein nervöses Ja. Ich fühlte großen Druck auf mir lasten. Ich dachte, sag einfach nur Ja, dann wird alles gut. Wenn es ernst würde, so hoffte ich, würde ich es schon können. Nach jenem ersten Gespräch war ich ziemlich erledigt und auch gespannt, wie wohl das nächste verlaufen würde.

Kumar erschien mir nach meinem ersten Eindruck voller Leben und sehr weltgewandt. Bei unserem zweiten Telefonat schlug er mir zig Aktivitäten vor, wie Fahrstunden und Fotografiekurse. Nach einer Weile begannen wir uns auf unsere Anrufe zu freuen und Kumar bat seinen jüngeren Bruder, mich zu treffen. Er war ganz anders als Kumar und erzählte ihm: »Sie ist zu gut für dich, du bekommst mehr, als du wolltest.«

Das traditionelle erste Treffen fand nur zehn Tage vor der Hochzeit bei meinen Eltern statt. Kumars Eltern hatten mich gewarnt, dass ihr Sohn sehr forsch, laut und angriffslustig sei. Mein Herz pochte und meine Hände zitterten, als ich versuchte, Kaffee einzuschenken. Alle Augen waren auf mich gerichtet, ich stand im Zentrum der Aufmerksamkeit. Ich war so schüchtern, dass ich ihm nicht einmal ins Gesicht sah. Nach zehn Minuten sagte er: »Ich möchte mit ihr

> **Die gemeinsame Arbeit schweißte uns noch enger zusammen. Wir haben ein gemeinsames Ziel, den Erfolg unserer Restaurants.**

allein reden.« Er fragte mich, ob ich all die Dinge getan hätte, um die er mich gebeten hatte, und wieder sagte ich immer nur Ja, Ja. Ich wollte bloß alles richtig machen und hatte Angst.

Was ich an Kumar wirklich mag, ist seine altmodische Seite. Uns beiden gemein ist unser Vertrauen in unsere Eltern und unseren Astrologen. Der Astrologe sagte, die Verbindung würde funktionieren, das beruhigte mich. Aber ich war dabei einen Koch zu heiraten und konnte nicht einmal mit Messer und Gabel umgehen! Nach der Hochzeit führte er mich zum Essen in ein Fünfsternehotel aus, ich hatte zeitlebens nur mit den Händen oder einem Löffel gegessen.

Ich war schockiert, als ich sah, dass er Fleisch aß. Das war mir noch gar nicht aufgefallen, aber für einen Koch war es wohl unvermeidbar. Ich begann es zu akzeptieren und da er unsere Tradition voll und ganz versteht und respektiert, macht es ihm nichts aus, dass ich bis zum heutigen Tage Vegetarierin geblieben bin.

Kompromisse und Verständnis sind der Schlüssel zu einer erfolgreichen Ehe. Gegensätze ziehen sich an – auf niemanden trifft das mehr zu als auf uns.

Auf unserer Hochzeitsreise nach Kodaikanal waren wir das erste Mal allein, erst jetzt begann unser eigentliches Zusammenleben. Das Erste, was er sagte, war: »Du weißt, ich rede viel.« Es stimmte, also antwortete ich: »Ich weiß, und ich höre viel zu«, worauf Kumar entgegnete: »Das reicht völlig!«

Er ist sehr unternehmungslustig und wir gingen auf eine Kanutour auf dem Fluss. Ich wusste nichts über das Wasser und konnte nicht schwimmen und als ich müde wurde, wollte ich abbrechen. Kumar sagte: »Nein, so läuft das nicht im Leben. Wir müssen da rüberkommen, also paddelst du besser weiter.« Und so geschah es. Dieser Moment brachte auf den Punkt, wie unser gemeinsames Leben aussehen würde.

Ein Kumar eigener Wesenszug, das erkannte ich von Beginn an, ist sein Streben nach Perfektion. Er muss alles richtig machen und wenn es etwas zu erledigen gibt, dann tut er es sofort, während ich eher langsam und bequem bin.

In Australien angekommen, war ich geschockt und fragte mich, wie ich mit diesem Menschen zurande kommen sollte – seine laute Stimme gegen mein sanftes, scheues Wesen, seine hastigen Bewegungen gegen meine langsamen Reaktionen, seine Unbeherrschtheit gegen meinen kühlen Kopf. Also schwieg ich und folgte ihm einfach. Anfangs fiel es schwer, mich anzupassen, doch dann begann die Liebe Regie zu führen und wir fühlten uns sehr wohl miteinander. Zwei Monate nach meiner Ankunft in Sydney fand ich einen Job in der Polizeiverwaltung von New South Wales. Ich blieb dort 15 Jahre und nutzte die Gelegenheit, die Stadt, die Menschen und ihre Kultur kennenzulernen und meinen Horizont zu erweitern.

Als 1994 die Restaurantkritik erschien, sagte Kumar, es gäbe wirklich viel zu tun und bat mich um Hilfe. Ich hatte keinerlei Erfahrung, doch er hörte überhaupt nicht hin. Er warf mich ins kalte Wasser, wie immer. Als Allererstes musste ich eine Platte mit Garnelen zu einem Tisch bringen. Im Restaurant hing ein Gottesbild und nach dem Service stellte ich mich davor, betete und fragte: »Was mache ich hier?« Die Gäste aber waren glücklich und lächelten, warum sollte es also Sünde sein? Am Ende des Tages sagte ich zu Kumar, es habe mir richtig Spaß gemacht. Er gab mir Selbstvertrauen und machte mich stark. Ich wusste nicht, wie das geht. Er aber. Die gemeinsame Arbeit schweißte uns noch enger zusammen. Wir haben ein gemeinsames Ziel, den Erfolg unserer Restaurants.

Wir reisen regelmäßig nach Indien, um Anregungen zu suchen. Kumar liebt es, längst verschollenen Rezepten von Meisterköchen nachzuspüren und Hausfrauen aufzusuchen, die in der Küche noch die alte Schule beherrschen. Die Fundstücke arbeitet er dann im *Abhi's* und *Aki's* in die Karte ein.

Kumar bat mich, die Karte zum einundzwanzigjährigen Bestehen des *Abhi's* zu schreiben. Man stelle sich das mal vor – ich als Vegetarierin! Es wurde ein Riesenerfolg. Auf diese Weise bringt er meine Stärken zur Geltung. Heute sind Kumar und ich ein enges Gespann. Unsere Kinder sind Zeugen unseres gemeinsamen Erfolgs und sehen, wie wir uns im Leben ergänzen. Wir sind eine glückliche Familie, halten zusammen und sind stolz auf unsere Kinder. Es ist erstaunlich, was aus einer arrangierten Ehe alles werden kann. Noch heute erinnert uns unser Astrologe daran, wie alles begann, und sagt: »Seht ihr, habe ich es nicht gesagt?«

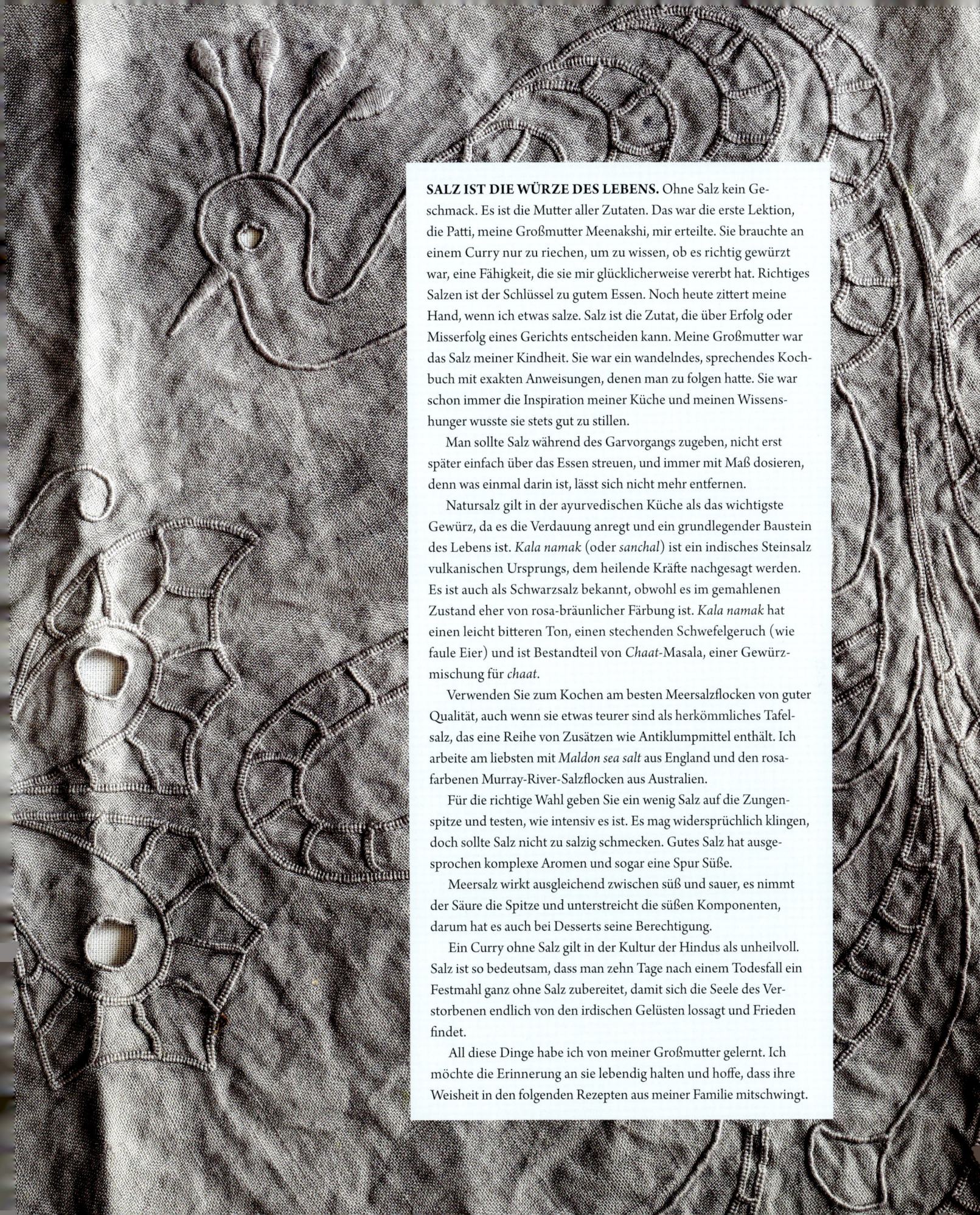

SALZ IST DIE WÜRZE DES LEBENS. Ohne Salz kein Geschmack. Es ist die Mutter aller Zutaten. Das war die erste Lektion, die Patti, meine Großmutter Meenakshi, mir erteilte. Sie brauchte an einem Curry nur zu riechen, um zu wissen, ob es richtig gewürzt war, eine Fähigkeit, die sie mir glücklicherweise vererbt hat. Richtiges Salzen ist der Schlüssel zu gutem Essen. Noch heute zittert meine Hand, wenn ich etwas salze. Salz ist die Zutat, die über Erfolg oder Misserfolg eines Gerichts entscheiden kann. Meine Großmutter war das Salz meiner Kindheit. Sie war ein wandelndes, sprechendes Kochbuch mit exakten Anweisungen, denen man zu folgen hatte. Sie war schon immer die Inspiration meiner Küche und meinen Wissenshunger wusste sie stets gut zu stillen.

Man sollte Salz während des Garvorgangs zugeben, nicht erst später einfach über das Essen streuen, und immer mit Maß dosieren, denn was einmal darin ist, lässt sich nicht mehr entfernen.

Natursalz gilt in der ayurvedischen Küche als das wichtigste Gewürz, da es die Verdauung anregt und ein grundlegender Baustein des Lebens ist. *Kala namak* (oder *sanchal*) ist ein indisches Steinsalz vulkanischen Ursprungs, dem heilende Kräfte nachgesagt werden. Es ist auch als Schwarzsalz bekannt, obwohl es im gemahlenen Zustand eher von rosa-bräunlicher Färbung ist. *Kala namak* hat einen leicht bitteren Ton, einen stechenden Schwefelgeruch (wie faule Eier) und ist Bestandteil von *Chaat*-Masala, einer Gewürzmischung für *chaat*.

Verwenden Sie zum Kochen am besten Meersalzflocken von guter Qualität, auch wenn sie etwas teurer sind als herkömmliches Tafelsalz, das eine Reihe von Zusätzen wie Antiklumpmittel enthält. Ich arbeite am liebsten mit *Maldon sea salt* aus England und den rosafarbenen Murray-River-Salzflocken aus Australien.

Für die richtige Wahl geben Sie ein wenig Salz auf die Zungenspitze und testen, wie intensiv es ist. Es mag widersprüchlich klingen, doch sollte Salz nicht zu salzig schmecken. Gutes Salz hat ausgesprochen komplexe Aromen und sogar eine Spur Süße.

Meersalz wirkt ausgleichend zwischen süß und sauer, es nimmt der Säure die Spitze und unterstreicht die süßen Komponenten, darum hat es auch bei Desserts seine Berechtigung.

Ein Curry ohne Salz gilt in der Kultur der Hindus als unheilvoll. Salz ist so bedeutsam, dass man zehn Tage nach einem Todesfall ein Festmahl ganz ohne Salz zubereitet, damit sich die Seele des Verstorbenen endlich von den irdischen Gelüsten lossagt und Frieden findet.

All diese Dinge habe ich von meiner Großmutter gelernt. Ich möchte die Erinnerung an sie lebendig halten und hoffe, dass ihre Weisheit in den folgenden Rezepten aus meiner Familie mitschwingt.

Großmutters Dal

Linsensuppe

Meine Großmutter Meenakshi bestand darauf, alle zwei Tage dieses Dal zu kochen. Mung Dal aus Mungbohnen war ihr Favorit, weil es so bekömmlich ist. Sie aß ihr Dal am liebsten mit einer kleinen Extradosis Asant. Meenakshi nahm es immer sehr genau mit ihrer Ernährung und duldete weder Zwiebeln noch Knoblauch in ihrer Küche.

100 g Mung Dal
(grüne Mungbohnen; siehe Glossar)

100 g Toor Dal
(gelbe Linsen; siehe Glossar)

1 TL gemahlene Kurkuma

6 kleine grüne Chilis, längs halbiert

80 g Ghee (siehe Glossar)

1 TL Kreuzkümmelsamen

1 EL fein geriebener Ingwer

2 Tomaten, in Scheiben geschnitten

½ TL Asant (siehe Glossar)

grob gehacktes Koriandergrün zum Garnieren

FÜR 4 PERSONEN ALS TEIL EINER GEMEINSCHAFTLICHEN TAFEL

Mungbohnen und gelbe Linsen abspülen und in einem Topf etwa 1 cm hoch mit Wasser bedecken. Kurkuma und Chilihälften zugeben, zum Kochen bringen und unbedeckt 35 Minuten köcheln lassen, bis Bohnen und Linsen völlig zerfallen sind. Falls die Angelegenheit zu trocken wird, noch etwas Wasser zugießen.

Inzwischen das Ghee in einer Pfanne auf mittlerer Stufe erhitzen und den Kreuzkümmel darin 30 Sekunden rösten. Den Ingwer zugeben, 2 Minuten anschwitzen, dann die Tomaten und den Asant einrühren und noch 1 Minute weitergaren.

Den Pfanneninhalt unter das Dal mengen und noch einmal 5 Minuten garen. Salzen und mit Koriandergrün bestreut servieren.

Avial

Gemüsecurry mit Joghurt

Dies ist eines der ganz frühen Rezepte, die mir meine Mutter beigebracht hat. Es ist eine einfache Mischung aus verschiedenen Gemüsen von klarem, blitzsauberem Geschmack. Das Geheimnis besteht darin, das Gemüse je nach Garzeit in unterschiedlichen Phasen zuzugeben, damit es bissfest bleibt. Hier wird hauptsächlich Wurzelgemüse verwendet. In Kerala gibt man gern noch geschälte Jackfruchtsamen hinzu. Wenn das Timing nicht stimmt, endet die ganze Angelegenheit als Gemüsebrei.

70 g geriebene Kokosnuss (siehe Glossar)

3 kleine grüne Chilis, grob gehackt

½ TL Kreuzkümmelsamen

100 g dicker Joghurt (Vollfettstufe), verschlagen

1 Kartoffel, in fingerdicke Stäbe geschnitten

1 Süßkartoffel (etwa 400 g), in fingerdicke Stäbe geschnitten

1 Karotte, in fingerdicke Stäbe geschnitten

3 Drumsticks (siehe Glossar), in 5 cm lange Stücke geschnitten

½ Taro oder Yams, in fingerdicke Stäbe geschnitten

1 grüne Kochbanane, in fingerdicke Stäbe geschnitten

1 kleine Aubergine, in fingerdicke Stäbe geschnitten

10 grüne Bohnen, halbiert

2 EL Pflanzen- oder Sonnenblumenöl

10 Curryblätter

1 EL Kokosöl (siehe Glossar und Tipp)

FÜR 4–6 PERSONEN ALS TEIL EINER GEMEINSCHAFTLICHEN TAFEL

Die geriebene Kokosnuss, die Chilischoten und die Kreuzkümmelsamen mit 2 EL Wasser in der Küchenmaschine oder im Mörser zu einer geschmeidigen Paste zermahlen. Dieser Schritt ist ganz entscheidend für die Konsistenz des fertigen Gerichts. Die Paste in einer Schüssel mit dem verschlagenen Joghurt verrühren.

Das Gemüse sollte nur eben mit Wasser bedeckt und bissfest gegart, nicht weich gekocht werden. Kartoffel, Süßkartoffel, Karotte und Drumsticks in einem Topf mit schwerem Boden mit kochendem Wasser bedecken, salzen und bei mittlerer bis starker Temperatur zum Kochen bringen.

Nach 2 Minuten die Taro (oder den Yams), die Banane und die Aubergine zugeben, weitere 6 Minuten garen, die Bohnen hinzufügen und noch einmal 2 Minuten garen.

Wenn das Gemüse fast gar ist, die mit dem Joghurt verrührte Kokospaste unterrühren und auf kleiner Flamme 5–7 Minuten köcheln lassen – der Joghurt neigt dazu, sich abzutrennen, darum mit geringer Hitze arbeiten; das Kokos dient als Bindemittel, es verhindert, dass der Joghurt ausflockt.

Während das Gemüse gart, das Pflanzenöl in einem kleinen Topf kräftig erhitzen, die Curryblätter darin 20 Sekunden rösten und auf Küchenpapier abtropfen.

Zum Fertigstellen das kalte Kokosöl über das Gemüse träufeln und die Curryblätter darüberstreuen.

tipp: Ist Ihnen das kalte Kokosöl zu dominant im Geschmack, können Sie es vor dem Beträufeln kurz erhitzen.

Kaali Dal

Schwarze Linsensuppe

Dieses Gericht findet man überall in Indien. Im Norden, wo es mit den gesunden, stärkereichen Urad-Dal-Linsen (schwarze Linsen) zubereitet wird, nennt man es Maa-Ki-Dal, im Süden verwendet man Toor Dal (gelbe Linsen), die nur sehr wenig Stärke enthalten. Das liegt am unterschiedlichen Klima. In Nordindien wird es deutlich kälter, das schlägt sich in einer herzhaften und reichhaltigeren Küche nieder und in der Verwendung von Gewürzen wie Nelken, Kardamom, Ingwer, schwarzem Pfeffer und Muskatnuss, die Wärme spenden. Im heißen Süden konsumiert man dagegen große Mengen Chili und Knoblauch, die schweißtreibend wirken und den Körper kühlen.

300 g Urad Dal (schwarze Linsen; siehe Glossar), über Nacht in 2 Liter Wasser eingeweicht

100 g getrocknete Kidney-Bohnen, über Nacht eingeweicht (siehe Tipp)

250 g Tomaten, grob gewürfelt, oder 170 g Tomatenmark (einfach konzentriert)

100 g Butter, gewürfelt

1 EL fein geriebener Ingwer

1 EL zerstoßener Knoblauch

1 EL Pflanzenöl oder Sonnenblumenöl

1 TL Kreuzkümmelsamen

1 rote Zwiebel, in dünne Streifen geschnitten

1 TL rotes Chilipulver

Halbierte Kirschtomaten, flüssige Sahne, fein geschnittener Ingwer, fein gehacktes Koriandergrün und weiche Butter zum Garnieren (nach Belieben)

FÜR 4 PERSONEN ALS TEIL EINER GEMEINSCHAFTLICHEN TAFEL

Einen Tag im Voraus beginnen.

Die eingeweichten Linsen und Kidney-Bohnen abgießen, abspülen und in einem großen Topf mit dickem Boden etwa 4 cm überstehend mit Wasser bedecken. Bei mittlerer Temperatur zum Kochen bringen, sobald das Wasser aufwallt, auf die niedrigste Stufe stellen und die Hülsenfrüchte etwa 2 Stunden garen, bis sie weich sind. Bei Bedarf verkochtes Wasser ergänzen.

Sobald die Linsen und Bohnen gar sind, Tomaten, Butter, Ingwer und Knoblauch untermengen und weitere 20 Minuten köcheln lassen. Das Geheimnis eines guten Dals heißt sanftes, langsames Garen bei geringer Hitze.

Das Öl in einer kleinen Pfanne erhitzen, die Kreuzkümmelsamen hineingeben, sobald sie sich bräunlich färben, Zwiebeln und Chilipulver hinzufügen und unter regelmäßigem Rühren 8 Minuten rösten. Diese Mischung nennt man *tadka* (siehe Glossar).

Wenn die Suppe so weit ist, das heiße *tadka* hineingießen, salzen, alles behutsam verrühren und noch einmal 5 Minuten garen. Kaali Dal sollte dunkelbraun sein.

Die Suppe in Schalen schöpfen, je eine halbe Tomate einlegen, etwas Sahne hineinträufeln und mit Ingwer und Koriandergrün bestreuen. Nach Belieben mit einem Stückchen Butter abrunden.

tipp: Lassen Sie die Linsen über Nacht einweichen, das spart Zeit, und verwenden Sie unbedingt getrocknete Kidney-Bohnen. Dosenbohnen erzielen nicht die gewünschte sämige Konsistenz der Suppe.

Rasam

Scharf-sauer-Suppe mit Tamarinde & Chili

Ein altes indisches Sprichwort sagt »Ausbildung beginnt zu Hause« und dieses war das allererste Gericht, dessen Zubereitung ich im Alter von acht Jahren von meiner Großmutter lernte. Es gehört zu den simpelsten Rezepten überhaupt, doch wie bei allen einfachen Speisen müssen die Aromen sorgfältig ausbalanciert und das Timing richtig sein. Das Geheimnis liegt darin, sich exakt an die Garzeiten zu halten und die Aromen auf der Zunge nachklingen zu lassen. »Rasam« ist ein Gericht aus der Alltagsküche, das mit schlichtem weißem Reis, begleitet von Gemüse oder Fleisch gegessen wird. Die Zubereitung erfolgt in zwei Phasen. In der ersten werden Würzzutaten mit Tamarindenpaste und Tomaten zu einer konzentrierten Brühe verkocht. In der zweiten werden die gegarten Linsen und Wasser zugegeben, ab jetzt darf die Suppe nur noch leise sieden, nicht mehr kochen. Das Ergebnis ist eine würzige dünnflüssige Brühe.

70 g Toor Dal
(gelbe Linsen; siehe Glossar)

¼ TL gemahlene Kurkuma

1 TL Pflanzenöl

½ TL schwarze Senfsamen

1 TL Kreuzkümmelsamen

¼ TL Asant (siehe Glossar)

3 Knoblauchzehen, zerstoßen

1½ EL Rasam-Pulver
(siehe Seite 215)

3 EL Tamarindenpaste (siehe Glossar)

2 reife Tomaten, gewürfelt

1 Bund Koriandergrün,
Blätter fein gehackt,
Stiele zu einem Bund geschnürt

Saft von 1 Limette

1 TL Ghee (siehe Glossar)

1–2 getrocknete rote Chilis

10 Curryblätter

FÜR 6 PERSONEN ALS TEIL EINER GEMEINSCHAFTLICHEN TAFEL

Die Toor-Linsen mit der Kurkuma in einem Topf mit dickem Boden in 1,5 Liter Wasser zum Kochen bringen und 30–40 Minuten köcheln lassen, bis sie gar sind. (Indische Hausfrauen erledigen das im Schnellkochtopf.) In dem Kochwasser beiseitestellen; nicht abgießen.

Das Öl in einem Topf mit dickem Boden erhitzen und ¼ TL der Senfsamen darin rösten – sie knistern und knacken, wenn sie platzen. ½ TL Kreuzkümmelsamen und den Asant hinzufügen und weiter rösten, bis der Kreuzkümmel etwas Farbe genommen hat; regelmäßig umrühren. Den Knoblauch zugeben, 1 Minute anschwitzen, 750 ml Wasser zugießen, *rasam*, Tamarindenpaste, Tomaten und Korianderstiele hineingeben, zum Kochen bringen und 15 Minuten garen. Dabei ziehen die Aromen durch. Salzen.

Sobald er gar ist, den Dal samt Kochwasser zugeben und 5 Minuten ziehen lassen – nicht mehr kochen. Die Korianderstiele herausnehmen, das gehackte Koriandergrün und den Limettensaft unterrühren und vom Herd nehmen.

Für das *tadka* (siehe Glossar) das Ghee in einer kleinen Pfanne mäßig stark erhitzen, die getrockneten Chilischoten und die restlichen Senfsamen hineingeben und anrösten. Den restlichen ½ TL Kreuzkümmel zugeben und bräunen. Die Curryblätter hinzufügen und die Mischung unter die Suppe rühren. Sofort den Deckel auflegen und 5 Minuten stehen lassen – ganz wichtig, damit die Aromen durchziehen. Die Suppe mit schwarzem Pfeffer abschmecken, in Schalen schöpfen und servieren.

Kartoffel-Karakari

Pikante Bratkartoffeln

Diese Kartoffeln sind ein zentraler Bestandteil jedes tamilischen Essens, man genießt sie quer durch alle Gesellschaftsschichten. Mein Sohn Akilesh mag sie besonders gern, schon immer, bis auf ein Mal, als er zehn war. Er wollte mir in der Küche helfen, also ließ ich ihn einen Beutel Kartoffeln für ein Jubiläumsessen im »Abhi's« schälen, zu dem wir »karakari« servierten. Ich glaube, der Riesenberg an Kartoffeln hat ihm die »karakari« eine Weile verleidet… Zumindest rührte er damals keine einzige Kartoffel an! Ich verwende am liebsten Kipfler, die nicht geschält werden müssen – gut abschrubben genügt.

800 g Kartoffeln (Kipfler), gut abgebürstet, gewaschen und längs geviertelt

1½ TL gemahlene Kurkuma

3 EL Pflanzen- oder Sonnenblumenöl

¼ TL schwarze Senfsamen

1 TL halbierte Urad Dal (Urdbohnen; siehe Glossar)

1 TL Chana Dal (halbierte kleine Kichererbsen; siehe Glossar)

2 getrocknete rote Chilis, von Samen befreit und in Streifen geschnitten

1 Prise Asant (siehe Glossar)

2 Zwiebeln, in feine Streifen geschnitten

2 TL Paprikapulver edelsüß

2 TL Koriandersamen, zerstoßen

10 Curryblätter

FÜR 6 PERSONEN ALS TEIL EINER GEMEINSCHAFTLICHEN TAFEL

Die Kartoffeln in einem Topf mit Wasser bedecken, ½ TL Kurkuma zugeben, zum Kochen bringen und 10–15 Minuten garen, bis sie eben weich sind. Abgießen und abkühlen lassen.

Das Öl in einem Wok auf mittlerer Stufe erhitzen und die Senfsamen darin etwa 20 Sekunden rösten (sie platzen dabei). Urad und Chana Dal zugeben und goldbraun anbraten. Chilis und Asant hinzufügen und 1 weitere Minute bräunen.

Die Zwiebeln zugeben und bei schwacher Temperatur pfannenrühren, bis sie weich sind – nicht bräunen.

Die gegarten Kartoffeln sowie Paprika, Koriandersamen, die restliche Kurkuma und 3 EL Wasser zugeben und zugedeckt auf kleiner Stufe 5 Minuten garen – das Wasser sorgt für eine gleichmäßige Durchmischung der Gewürze. Die Kartoffeln abschmecken, die Curryblätter untermengen und servieren.

Vazhaki Thoran

Bananen mit Kokos

Es gibt ein interessantes Sprichwort auf Tamil: »Vazai pol vazhu« – lebe wie ein Bananenbaum. Die Natur des Bananenbaums besteht aus Geben und Teilen. Jeder Teil des Baumes wird genutzt. Aus den Fasern der Bananenpflanze fertigt man Kränze. Die Blätter dienen in Südindien als Einmalteller, denn durch die Berührung mit heißen Speisen werden ihre Vitamine und Mineralstoffe freigesetzt – es ist erstaunlich, wie Bananenblätter außerdem den Geschmack der Speisen unterstreichen. Der Stamm und die Blüten werden für Zubereitungen verarbeitet, die zur Behandlung von Nierensteinen dienen.

Der Bananenbaum ist ein Symbol der Fruchtbarkeit – bevor die Pflanze stirbt, bildet sie einen neuen Trieb. Tamilische Brahmanen haben eine enge kulturelle Bindung zur Bananenpflanze und rohe Bananen spielen bei allen großen Familienanlässen eine gewichtige Rolle, bei einer Geburt, im Trauerfall und an Feiertagen wie Neujahr. Dieses Rezept ist eine Abwandlung des Originals – ein strenger Brahmane würde niemals Zwiebeln oder Knoblauch dulden.

6 grüne Bananen

3 EL Kokosöl

¼ TL schwarze Senfsamen

1 TL halbierte Urad Dal (schwarze Linsen; siehe Glossar)

1 TL Chana Dal (halbierte kleine Kichererbsen; siehe Glossar)

6 Knoblauchzehen, zerstoßen

2 getrocknete rote Chilis, von Samen befreit und in feine Streifen geschnitten

¼ TL gemahlene Kurkuma

1 Prise Asant (siehe Glossar)

4 Schalotten, in feine Streifen geschnitten

40 g frisch geraspeltes Kokosmark oder 30 g getrocknete Kokosraspel

10 Curryblätter

FÜR 4–6 PERSONEN ALS TEIL EINER GEMEINSCHAFTLICHEN TAFEL

Die Bananen schälen und in mundgerechte Stücke schneiden.

Das Öl in einem Wok auf mittlerer Stufe erhitzen und die Senfsamen etwa 20 Sekunden rösten (sie platzen dabei). Urad und Chana Dal zugeben und 3–4 Minuten pfannenrühren, bis sie goldbraun sind. Knoblauch, Chili, Kurkuma und Asant hinzufügen und 1 weitere Minute rühren. Die Schalotten zugeben und garen, bis sie weich sind, jedoch nicht bräunen. Die Bananenstücke untermengen und zugedeckt noch einmal 5 Minuten garen.

Zuletzt die Kokosraspel und die Curryblätter unterrühren, abschmecken und servieren.

vellai porrial

Blumenkohl mit Kokosnuss

»Vellai« bedeutet weiß auf Tamil. Dieses Gericht ist ebenso ein Augen- wie ein Gaumenschmaus. Der weiße Blumenkohl, die dicken Bohnen und die frisch geriebene Kokosnuss harmonieren farblich und geschmacklich hervorragend mit den Curryblättern. Mildsüßliche Schalotten und feurige Chilis runden dieses fabelhafte Gericht perfekt ab.

600 g Blumenkohlröschen

100 g enthülste und geschälte dicke Bohnen

3 EL raffiniertes Sesamöl (siehe Glossar)

¼ TL schwarze Senfsamen

1 Prise Asant (siehe Glossar)

1 TL halbierte Urad Dal (schwarze Linsen; siehe Glossar)

1 TL Chana Dal (halbierte kleine Kichererbsen; siehe Glossar)

2 getrocknete rote Chilis, längs halbiert, Samen entfernt

2 grüne Chilis, von Samen befreit und fein geschnitten

4 Schalotten, in feine Streifen geschnitten

40 g frisch geraspeltes Kokosmark oder 30 g getrocknete Kokosraspel

gebratene Curryblätter zum Garnieren

FÜR 4 PERSONEN ALS TEIL EINER GEMEINSCHAFTLICHEN TAFEL

Den Blumenkohl in 1 Liter gesalzenem Wasser 5–7 Minuten kochen. Mit einem Schaumlöffel herausheben und abkühlen lassen.

Das Wasser erneut zum Kochen bringen, die dicken Bohnen hineingeben und 3–4 Minuten garen. Abtropfen und beiseitestellen.

Das Sesamöl in einem Wok auf mittlerer Stufe erhitzen. Senfsamen und Asant etwa 20 Sekunden darin rösten. Urad und Chana Dal zugeben und goldbraun braten. Die roten und grünen Chilis hinzufügen, nach 1 weiteren Minute die Schalotten unterrühren und 4–5 Minuten anschwitzen – nicht bräunen.

Die Blumenkohlröschen und Bohnen untermengen, den Deckel auflegen und alles 5 Minuten durchziehen lassen.

Zuletzt die Kokosraspel untermischen, abschmecken und mit gebratenen Curryblättern garnieren.

Großmutters Dosa

Pikante Reispfannkuchen

Mit diesen Pfannkuchen meiner Großmutter fütterte mich als Kind schon meine Mutter ab – und heute verfüttert sie meine Frau an mich. Es lebe die Tradition! Mögen sie meine künftigen Schwiegertöchter einmal genauso gut beherrschen (eine Vorbedingung auch für die Hochzeit meiner Söhne). Die Zubereitung ist ganz einfach und dauert nur ein paar Minuten. Ein schnörkelloser Snack für einen schnellen Imbiss.

100 g feiner Weizengrieß

3 EL Reismehl

3 EL Weizenmehl

3 EL Buttermilch

Ghee zum Backen (siehe Glossar)

Lime Pickle zum Servieren (Fertigprodukt)

Tomaten-Chili-Chutney zum Servieren (siehe Seite 108; nach Belieben)

TADKA

1 EL raffiniertes Sesamöl (siehe Glossar)

½ TL schwarze Senfsamen

1 TL Kreuzkümmelsamen

¼ TL Chiliflocken

2 kleine grüne Chilis, gehackt

1 Prise Asant (siehe Glossar)

10 Curryblätter, in feine Streifen geschnitten

ERGIBT ETWA 15 STÜCK

Weizengrieß, Reismehl und Weizenmehl in einer großen Schüssel mit der Buttermilch und 450 ml Wasser zu einem glatten Teig verrühren und beiseitestellen.

Für das *tadka* (siehe Tipp & Glossar) das Sesamöl in einer kleinen Pfanne mäßig stark erhitzen und die Senfsamen 20 Sekunden anrösten (sie platzen). Kreuzkümmel, Chiliflocken, grüne Chilis und Asant zugeben und knapp 1 Minute anschwitzen. Von der Kochstelle nehmen, die Curryblätter zugeben und die Mischung unter den Pfannkuchenteig rühren.

In einer kleinen Omelett- oder ähnlichen Pfanne etwas Ghee auf mittlerer bis hoher Stufe erhitzen. Den Teig noch einmal durchschlagen, 2 EL Teig in die Pfanne geben und zu einem dünnen Pfannkuchen von 12,5 cm Durchmesser zerlaufen lassen. Den Pfannkuchen 1 Minute backen, vorsichtig wenden und weitere 30 Sekunden backen. Auf einen Teller legen und den restlichen Teig in gleicher Weise zu Pfannkuchen verarbeiten. Vor jedem weiteren Pfannkuchen den Teig nochmals durchrühren.

Die Pfannkuchen mit Lime Pickle und Chutney sofort servieren.

tipp: Dieser unfermentierte Dosa-Teig wird in der Pfanne nicht knusprig. Er sollte in der Konsistenz an Crêpe-Teig erinnern.

Die meisten indischen Gerichte werden mit in Sesamöl oder Ghee, gerösteteм schwarzem Senf, Kreuzkümmel, Urad Dal (Urdbohnen) und/oder Chilis vollendet – man nennt diese Mischung *tadka* oder *chaunk,* im Englischen auch *tempering* (»Milderung«). Entscheidend ist, dass sie nicht verbrennt und Aroma und Farbe der Zutaten erhalten bleiben. Sie wird über das fertige Gericht gegossen oder untergerührt und das Gargeschirr dann meist sofort zugedeckt, damit die Aromen durchziehen.

dal-&-spinat-massial

Linsen-Spinat-Curry

Dies ist ein sehr gesundes Gericht, das dank Spinat und Linsen reich an Eisen und Proteinen ist. »Massial« bezeichnet Zubereitungen von annähernd püreeartiger, jedoch nicht breiiger Konsistenz. Ich erinnere mich noch, wie ich als Kind diese Art von Gerichten für meine Mutter mit einem Holzklopfer zerstampfte. Dieses Dal wurde traditionell in einem schwarzen Steintopf »makkal chatty« zubereitet.

- 3 EL Toor Dal (gelbe Linsen; siehe Glossar), abgespült
- 30 ml Pflanzen- oder Sonnenblumenöl
- ½ TL schwarze Senfsamen
- ¼ TL Asant (siehe Glossar)
- 2 getrocknete rote Chilis
- 2 große Handvoll Spinat
- 10 Curryblätter
- 2 TL fein geriebener Ingwer
- ½ TL zerstoßener Knoblauch
- 3 kleine grüne Chilis
- 1 Tomate, gewürfelt

FÜR 4 PERSONEN ALS TEIL EINER GEMEINSCHAFTLICHEN TAFEL

Die Toor-Dal-Linsen in einem großen Topf mit dickem Boden etwa 4 cm hoch mit Wasser bedecken und auf mittlerer Stufe zum Kochen bringen. Sobald das Wasser aufwallt, die Hitze auf die kleinste Stufe stellen und zugedeckt 45 Minuten garen, bis die Linsen weich sind. Falls nötig, noch etwas Wasser zugeben. Beiseitestellen.

Das Öl in einem großen Wok auf mittlerer bis starker Stufe erhitzen – der Spinat braucht anfangs viel Platz, fällt dann aber beim Garen in sich zusammen –, die Senfsamen hineingeben und etwa 20 Sekunden rösten (sie platzen). Den Asant und die getrockneten Chilis zufügen und 2 Minuten anbraten, bis die Chilis leicht gebräunt sind.

Die restlichen Zutaten (außer dem Dal) zugeben, salzen und zugedeckt bei mittlerer Hitze garen, bis der Spinat zusammengefallen ist – kein Wasser zugeben, der Spinat gibt ausreichend Flüssigkeit ab. Zuletzt das Dal unterrühren und heiß servieren.

tirunelveli varutha kozhi

Würziges Hähnchencurry

*Dieses Rezept stammt aus meinem Heimatort Tirunelveli im südlichsten Teil Indiens.
Tirunelveli liegt in einer Region, die ehemals als Nanjil Nadu bekannt war (heute Tamil Nadu),
sie erstreckt sich von Madurai bis nach Kanyakumari. Dort kocht man viel mit Koriander und Ingwer.
Dieses Gericht wird mit zerstoßenem Koriander und Kreuzkümmel abgerundet,
die dem Curry eine wunderbare Frische verleihen. Ein leichtes und dennoch würziges Curry.*

800 g ausgelöste Hähnchenschenkel ohne Haut, gewürfelt

½ TL gemahlene Kurkuma

1 TL Kreuzkümmelsamen

100 ml Pflanzen- oder Sonnenblumenöl

½ TL Fenchelsamen

4 getrocknete rote Chilis

5 cm Zimtkassie (siehe Glossar)

6 grüne Kardamomkapseln

1 Lorbeerblatt

6 Knoblauchzehen, in Scheibchen geschnitten

1 große Zwiebel, in Streifen geschnitten

1½ TL fein geriebener Ingwer

2 Tomaten, gewürfelt

10 Curryblätter

1 EL Koriandersamen, zerstoßen

½ TL südindisches Garam Masala (siehe Glossar)

½ Bund Koriandergrün, gehackt

FÜR 6–8 PERSONEN ALS TEIL EINER GEMEINSCHAFTLICHEN TAFEL

Das Hähnchenfleisch mit Kurkuma einreiben und das Gewürz einwirken lassen.

Inzwischen eine kleine Pfanne kräftig erhitzen und den Kreuzkümmel darin etwa 1 Minute trocken rösten; die Pfanne regelmäßig schwenken. Die gerösteten Samen im Mörser zerstoßen.

In einer großen Pfanne mit schwerem Boden 80 ml Öl auf mittlerer bis hoher Stufe erhitzen. Fenchelsamen, getrocknete Chilis, Zimtkassie, Kardamom, Lorbeer und den Knoblauch hineingeben und 1 Minute rösten.

Die Zwiebeln hinzufügen und 6–8 Minuten bräunen.

Den Ingwer und das Hähnchenfleisch zugeben, sorgfältig in dem gewürzten Öl wenden und etwa 5 Minuten anbraten. Die Tomaten unterrühren und weitere 10 Minuten garen, bis das Fleisch fast durch ist.

Inzwischen in einer kleinen Pfanne das restliche Öl erhitzen, die Curryblätter darin 30 Sekunden braten und auf Küchenpapier abtropfen lassen.

Den zerstoßenen Kreuzkümmel und Koriander, das Garam Masala, die Curryblätter und das gehackte Koriandergrün unter das Curry rühren, salzen und servieren.

flathead-pakora

Gebackener Fisch

Saft von 1 Limette

½ TL gemahlene Kurkuma

½ TL gemahlener Kreuzkümmel

2 TL fein geriebener Ingwer

4 Knoblauchzehen, zerstoßen

800 g Flathead-Filets (oder anderer fester weißfleischiger Fisch, z.B. Heilbutt), in je 3 Stücke geschnitten

60 g Kichererbsenmehl

3 EL Reismehl

2 TL Koriandersamen, fein zerstoßen

½ TL rotes Chilipulver

Pflanzen- oder Sonnenblumenöl zum Frittieren

¼ Granatapfel, Kerne herausgelöst

Fenchelgrün zum Garnieren (nach Belieben)

Grünes Chutney zum Servieren (siehe Seite 210)

FÜR 4 PERSONEN ALS TEIL EINER GEMEINSCHAFTLICHEN TAFEL

Limettensaft, Kurkuma, Kreuzkümmel, Ingwer und Knoblauch verrühren, den Fisch rundherum mit der Mischung einreiben und 20 Minuten marinieren.

Inzwischen Kichererbsen- und Reismehl in einem flachen Behälter mit dem zerstoßenen Koriander und dem Chilipulver vermengen. Den Fisch in der Mehl-Gewürz-Mischung wenden.

Einen Wok oder einen Topf zu einem Drittel mit Öl füllen und auf 180 °C erhitzen (wird ein Stückchen Brot darin innerhalb von 15 Sekunden goldbraun, ist die Temperatur erreicht). Die Fischstücke in das heiße Öl gleiten lassen und in 4–5 Minuten goldbraun frittieren. Mit einem Schaumlöffel herausheben und auf Küchenpapier abtropfen lassen.

Den gebackenen Fisch mit Granatapfelkernen und Fenchelgrün, falls verwendet, garnieren und mit dem grünen Chutney servieren.

Jackfrucht-payasam

Reispudding

Dies war das Lieblingsdessert meiner Großmutter. Das Original wird grundsätzlich mit frischer Jackfrucht zubereitet, doch kann man sich das Leben mit Dosenfrüchten deutlich einfacher machen. Frische Jackfrüchte sind eine klebrige Angelegenheit, sie sondern ein milchiges Sekret ab, das wie Sekundenkleber haftet, das macht ihre Verarbeitung ein bisschen knifflig. Meine Großmutter rieb sich immer die Hände mit Kokosöl ein, bevor sie die Früchte anfasste. Die Samen der Jackfrüchte sind übrigens ein beliebter Snack, man isst sie wie Maronen.

40 g Basmatireis

2 TL Ghee (siehe Glossar)

2 TL ungesalzene Cashewkerne, grob gehackt

5 Safranfäden

3 TL Rosenwasser

1 l Milch

4 grüne Kardamomkapseln

100 g Zucker

50 g Jackfrüchte aus der Dose, fein gehackt

Sultaninen zum Garnieren

FÜR 6 PERSONEN ALS DESSERT

Den Reis 30 Minuten in kaltem Wasser einweichen; abgießen.

Das Ghee in einem kleinen Topf auf mittlerer bis hoher Stufe erhitzen und die Cashewkerne etwa 1 Minute anrösten; den Topf ab und zu rütteln.

Den Safran in dem Rosenwasser einweichen und beiseitestellen.

Die Milch und den Kardamom in einem Topf mit dickem Boden auf kleiner Flamme aufsetzen und unbedeckt 20 Minuten köcheln lassen. Den Reis zugeben und unbedeckt 30 Minuten garen, bis er weich ist.

Den Zucker und die Jackfrüchte unterrühren und weitere 10–15 Minuten garen.

Sobald die Mischung leicht eingedickt ist, das Safranwasser untermischen, den Pudding vom Herd nehmen und etwas abkühlen lassen. Er sollte dickflüssig sein.

Den Reispudding auf Gläser oder Schalen verteilen und warm oder kalt mit den gerösteten Cashewkernen und Sultaninen garniert servieren.

tipp: Üben Sie sich in Geduld und arbeiten Sie mit geringer Temperatur.

Rote-Bete-Halwa

Süßer Rote-Bete-Pudding

Halwa wird traditionell im Winter in Nordindien gegessen, wo man es aus roten Karotten zubereitet, für die die Region berühmt ist. Im Süden verwendet man Rote Bete und genießt es ganzjährig.

500 g Rote Bete, gewaschen und geraspelt

500 ml Milch

125 g Zucker

50 g Ghee (siehe Glossar)

½ TL gemahlener Kardamom

1 EL Rosinen, im Mörser leicht zerstoßen

2 EL Pistazienkerne, grob gehackt

Erdbeer-Coulis (siehe Seite 162), essbares Blattsilber, Rosenblüteneiscreme und essbare Blüten zum Garnieren (nach Belieben)

FÜR 4 PERSONEN ALS DESSERT

Die Rote Bete, die Milch und 125 ml Wasser in einen Topf geben und auf kleiner Flamme 20 Minuten garen, bis das Gemüse weich und der Großteil der Flüssigkeit verdampft ist.

Den Zucker zugeben, sorgfältig umrühren und weitere etwa 30 Minuten garen, bis die Milch vollständig eingekocht ist.

30 g des Ghee, den Kardamom und die Rosinen untermischen, noch 2–3 Minuten weitergaren und vom Herd nehmen.

Das restliche Ghee in einer kleinen Pfanne auf mittlerer Stufe erhitzen und die Pistazien darin goldbraun rösten.

Das Halwa heiß, kalt oder raumtemperiert in einer Schüssel servieren oder in kleinen *quenelles* (Klößchen) anrichten und mit Erdbeer-Coulis, Blattsilber, Rosenblüteneiscreme, den Pistazien und essbaren Blüten (nach Belieben) garnieren.

tipp: Vor der Zugabe des Zuckers sollte die Rote Bete wirklich gar und kaum noch Flüssigkeit verblieben sein.

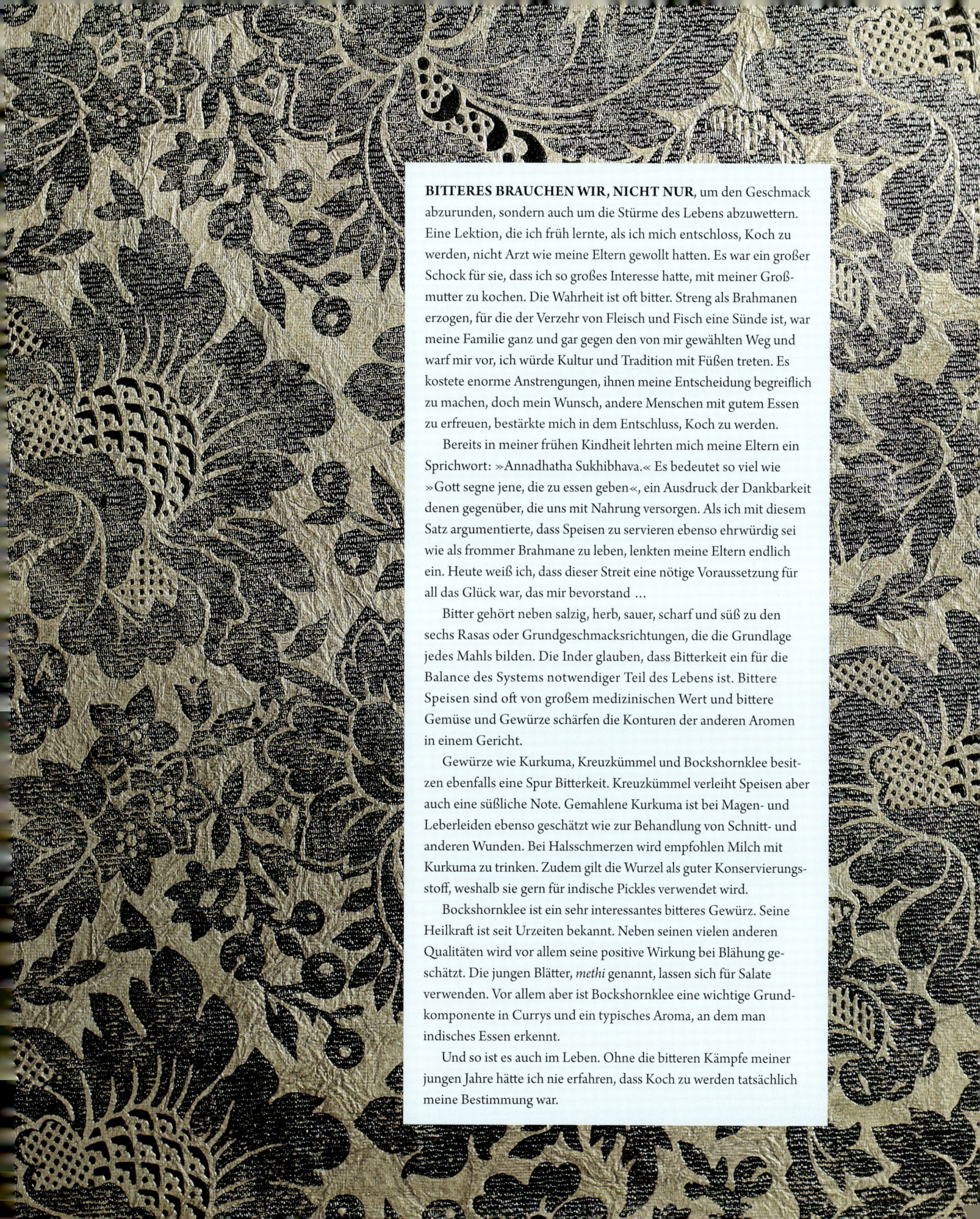

BITTERES BRAUCHEN WIR, NICHT NUR, um den Geschmack abzurunden, sondern auch um die Stürme des Lebens abzuwettern. Eine Lektion, die ich früh lernte, als ich mich entschloss, Koch zu werden, nicht Arzt wie meine Eltern gewollt hatten. Es war ein großer Schock für sie, dass ich ein so großes Interesse hatte, mit meiner Großmutter zu kochen. Die Wahrheit ist oft bitter. Streng als Brahmanen erzogen, für die der Verzehr von Fleisch und Fisch eine Sünde ist, war meine Familie ganz und gar gegen den von mir gewählten Weg und warf mir vor, ich würde Kultur und Tradition mit Füßen treten. Es kostete enorme Anstrengungen, ihnen meine Entscheidung begreiflich zu machen, doch mein Wunsch, andere Menschen mit gutem Essen zu erfreuen, bestärkte mich in dem Entschluss, Koch zu werden.

Bereits in meiner frühen Kindheit lehrten mich meine Eltern ein Sprichwort: »Annadhatha Sukhibhava.« Es bedeutet so viel wie »Gott segne jene, die zu essen geben«, ein Ausdruck der Dankbarkeit denen gegenüber, die uns mit Nahrung versorgen. Als ich mit diesem Satz argumentierte, dass Speisen zu servieren ebenso ehrwürdig sei wie als frommer Brahmane zu leben, lenkten meine Eltern endlich ein. Heute weiß ich, dass dieser Streit eine nötige Voraussetzung für all das Glück war, das mir bevorstand …

Bitter gehört neben salzig, herb, sauer, scharf und süß zu den sechs Rasas oder Grundgeschmacksrichtungen, die die Grundlage jedes Mahls bilden. Die Inder glauben, dass Bitterkeit ein für die Balance des Systems notwendiger Teil des Lebens ist. Bittere Speisen sind oft von großem medizinischen Wert und bittere Gemüse und Gewürze schärfen die Konturen der anderen Aromen in einem Gericht.

Gewürze wie Kurkuma, Kreuzkümmel und Bockshornklee besitzen ebenfalls eine Spur Bitterkeit. Kreuzkümmel verleiht Speisen aber auch eine süßliche Note. Gemahlene Kurkuma ist bei Magen- und Leberleiden ebenso geschätzt wie zur Behandlung von Schnitt- und anderen Wunden. Bei Halsschmerzen wird empfohlen Milch mit Kurkuma zu trinken. Zudem gilt die Wurzel als guter Konservierungsstoff, weshalb sie gern für indische Pickles verwendet wird.

Bockshornklee ist ein sehr interessantes bitteres Gewürz. Seine Heilkraft ist seit Urzeiten bekannt. Neben seinen vielen anderen Qualitäten wird vor allem seine positive Wirkung bei Blähung geschätzt. Die jungen Blätter, *methi* genannt, lassen sich für Salate verwenden. Vor allem aber ist Bockshornklee eine wichtige Grundkomponente in Currys und ein typisches Aroma, an dem man indisches Essen erkennt.

Und so ist es auch im Leben. Ohne die bitteren Kämpfe meiner jungen Jahre hätte ich nie erfahren, dass Koch zu werden tatsächlich meine Bestimmung war.

Karela Masala

Curry mit Bittermelonen

Bittermelonen (auch Bittergurken), in Indien »karela« genannt, sind grün und stammen von einer Kletterpflanze mit bitteren Blättern. Sie sind ein zentraler Bestandteile der indischen Küche und sollen den fülligen Charakter mancher Gerichte auffangen und einen Kontrast zu üppigen Aromen setzen. Im Ayurveda gelten sie als heilsam bei der Behandlung von Diabetes und zahlreicher Infektionskrankheiten; außerdem sagt man ihnen einen positiven Effekt auf den Stoffwechsel nach. Jeder Staat hat sein eigenes Rezept für Bittermelonen, dieses stammt aus Nordindien. Es ist wohl das Lieblingsgericht unserer Familie, eine wunderbare Mischung von Aromen, die die fünf Grundgeschmäcker vereinen: bitter (Bittermelonen), sauer (Amchur), scharf (Chili und Kurkuma), süß (Palmzucker) und salzig. Um die Bitterkeit der Bittermelonen auf ein erträgliches Maß zu reduzieren, werden beispielsweise Minimelonen zuvor gespalten und mit Salz, Amchur und Limettensaft behandelt, dann mit Gewürzen gefüllt und sanft mit Ingwer gebraten.

600 g Bittermelonen

1 TL gemahlene Kurkuma

Saft von 1 Limette

Pflanzen- oder Sonnenblumenöl zum Frittieren

2 rote Zwiebeln, in feine Streifen geschnitten

60 g Kichererbsenmehl (Besan)

1 TL Kreuzkümmelsamen

¼ TL Asant (siehe Glossar)

½ TL rotes Chilipulver

4 kleine grüne Chilis, gehackt

2 TL geriebener Palmzucker oder brauner Zucker

¼ TL Amchur (Mangopulver; siehe Glossar)

Koriandergrün zum Garnieren

FÜR 6 PERSONEN ALS TEIL EINER GEMEINSCHAFTLICHEN TAFEL

Die Bittermelonen quer halbieren, das weiche Innere herauslösen und wegwerfen. Das Fruchtfleisch in 1–2 cm dicke runde Scheiben schneiden und in einen Durchschlag geben. ½ TL Kurkuma und ½ TL Salz darüberstreuen, mit dem Limettensaft beträufeln und über einer Schale 20 Minuten Wasser ziehen lassen. (Das abtropfende Wasser können Sie weggießen, die Inder trinken es als Medizin bei Diabetes.)

Einen Wok oder einen Topf mit dickem Boden zu einem Drittel mit Öl füllen und auf 180 °C erhitzen – färbt sich ein Stückchen Brot darin innerhalb von 15 Sekunden goldbraun, ist das Öl heiß genug. Die Hälfte der Zwiebeln knusprig frittieren, mit einem Schaumlöffel herausfischen und auf Küchenpapier abtropfen lassen. Sie dienen als Garnitur.

Das Öl, falls nötig, wieder auf 180 °C erhitzen. Die Bittermelonen in dem Kichererbsenmehl wenden und in 3–4 Minuten goldgelb frittieren. Herausheben, auf Küchenpapier abtropfen lassen und beiseitestellen.

In einer großen Pfanne 3 EL Öl auf mittlerer Stufe erhitzen und den Kreuzkümmel darin bräunen. Die restlichen Zwiebeln zugeben und ebenfalls braun anbraten. Asant, Chilipulver, grüne Chilis und Palmzucker hinzufügen und 3 Minuten garen – einen Schuss Wasser zugeben, damit die Mischung nicht verbrennt.

Die Bittermelonen untermengen und rasch durchschwenken. Mit Amchur bestreuen, mit Koriandergrün und den frittierten Zwiebeln garnieren und servieren.

Hähnchen 65

*Dieses Gericht stammt aus einem berühmten Lokal in Chennai namens »Buhari«.
Der Ursprung der 65 ist heftig umstritten. Nach der vorherrschenden Theorie war das
Gericht die Nummer 65 auf einer endlos langen Speisekarte. Eine andere Version erzählt,
dass das Hähnchen für dieses Gericht in 65 Tagen aufgezogen wurde.*

1 EL fein geriebener Ingwer

1 EL zerstoßener Knoblauch

1½ EL rotes Chilipulver

Saft von 1½ Limetten

3 Eier, leicht verschlagen

700 g ausgelöste Hähnchenschenkel ohne Haut, in mundgerechte Stücke geschnitten

3 EL Mehl

Pflanzen- oder Sonnenblumenöl zum Frittieren

20 Curryblätter

fein geschnittene Ingwerstreifen zum Garnieren

Grünes Chutney zum Servieren (siehe Seite 210; nach Belieben)

FÜR 4 PERSONEN ALS TEIL EINER GEMEINSCHAFTLICHEN TAFEL

In einer Schale geriebenen Ingwer, Knoblauch, Chilipulver, Limettensaft und die Eier vermengen. Das Hähnchenfleisch hineingeben, sorgfältig in der Mischung wenden und mindestens 30 Minuten im Kühlschrank marinieren. Je länger das Fleisch in der Marinade liegt, desto kräftiger ziehen die Aromen durch.

Das Hähnchen aus der Marinade nehmen, abtropfen lassen und leicht mit Mehl bestauben.

Einen Wok oder einen Topf mit dickem Boden zu einem Drittel mit Öl füllen und auf 180 °C erhitzen – wird ein Brotwürfel darin in 15 Sekunden goldbraun, ist die Temperatur erreicht. Das Fleisch in dem heißen Öl etwa 3 Minuten frittieren, bis es goldbraun und durchgegart ist. Mit einem Schaumlöffel herausheben, auf Küchenpapier abtropfen lassen und auf einer Platte anrichten.

In demselben Öl die Curryblätter knusprig frittieren – das dauert nur etwa 20 Sekunden – und auf Küchenpapier abtropfen lassen.

Die Hälfte der frittierten Curryblätter zerkrümeln und über das Hähnchen streuen. Alles mit den restlichen Curryblättern und dem Ingwer garnieren und nach Belieben mit grünem Chutney servieren.

Chengai Erachi

Rindfleisch aus dem Wok mit Chili und Kokos

Dieses Gericht stammt aus der Gemeinde der Syrischen Christen im südindischen Staat Kerala. Die Kokosnuss, der Fenchel, das Garam Masala und der Pfeffer passen gut zusammen und Rindfleisch ist robust genug, um den kräftigen Aromen standzuhalten. Als Garfett kommt Kokosöl zum Einsatz, das es in dieser Region in Hülle und Fülle gibt. Die Küche Keralas macht reichen Gebrauch von Kokos und allen erdenklichen Gewürzen, die Region war über Jahrhunderte ein wichtiges Zentrum des Gewürzhandels.

½ TL gemahlene Kurkuma

2 TL gemahlener Koriander

1 TL gemahlener Kreuzkümmel

½ TL gemahlener Fenchel

½ TL südindisches Garam Masala (siehe Glossar)

600 g Rindersteak (Roastbeef oder Hüfte), in fingergroße Streifen geschnitten

2 EL Pflanzenöl

6 Curryblätter

100 ml Kokosöl (siehe Glossar)

4 getrocknete rote Chilis

5 cm Zimtkassie (siehe Glossar)

1 große Zwiebel, in Streifen geschnitten

6 Knoblauchzehen, in Streifen geschnitten

½ TL zerstoßener schwarzer Pfeffer

1½ TL fein geriebener Ingwer

3 EL frisch geriebene Kokosflocken oder getrocknete Kokosraspel, geröstet

FÜR 4–6 PERSONEN ALS TEIL EINER GEMEINSCHAFTLICHEN TAFEL

In einer Schüssel Kurkuma, Koriander, Kreuzkümmel, Fenchel und Garam Masala vermengen. Die Rindfleischstreifen gründlich in der Gewürzmischung wenden und 30 Minuten marinieren.

Das Pflanzenöl in einer Pfanne auf kleiner Flamme erhitzen und die Curryblätter darin nur leicht knusprig braten. Auf Küchenpapier abtropfen lassen und beiseitelegen.

In einem Wok 3 EL des Kokosöls auf mittlerer Stufe erhitzen, Chilis und Zimtkassie hineingeben und 1 Minute rösten. Den Knoblauch und den Pfeffer hinzufügen, nach 1 weiteren Minute den Ingwer untermischen und noch 1 Minute pfannenrühren.

In einer weiteren großen Pfanne das restliche Kokosöl kräftig erhitzen und das Fleisch in zwei Portionen scharf braten – ist die Pfanne zu voll, zieht das Fleisch Wasser und beginnt zu kochen.

Das Fleisch, sobald es gar ist, mit den Kokosraspeln und den Curryblättern in den Wok zu den Gewürzen geben, rasch durchschwenken, salzen und servieren.

kothu kari

Lamm aus dem Wok

»Kothu« bedeutet »gehackt« auf Tamil. Bei dieser Technik verwendet man zwei Hackbeile, um das Fleisch beidhändig zu bearbeiten.

1600 g ausgelöste Lammschulter

200 g Lammrückenfilet

100 ml Pflanzen- oder Sonnenblumenöl

1 TL schwarze Senfsamen

2 Zwiebeln, gehackt

1 EL fein geriebener Ingwer

1 EL zerstoßener Knoblauch

1 TL gemahlener Fenchel

2 TL gemahlener schwarzer Pfeffer

1 TL gemahlene Kurkuma

2 TL rotes Chilipulver

1 EL gemahlener Koriander

Saft von 1 Limette

10 Curryblätter

FÜR 4–6 PERSONEN ALS TEIL EINER GEMEINSCHAFTLICHEN TAFEL

Lammschulter und -rücken auf das Arbeitsbrett legen und mithilfe zweier Hackbeile in 1–2 cm kleine Würfel hacken. Das Fleisch aber nicht atomisieren, es sollte eine stückige, würfelige Struktur haben.

In einem großen Wok 2 EL Öl stark erhitzen, das Lammfleisch portionsweise hineingeben und 1 Minute pfannenrühren. Herausheben und beiseitestellen.

Das restliche Öl in dem Wok erhitzen und die Senfsamen darin etwa 20 Sekunden rösten. Zwiebeln, Ingwer und Knoblauch zugeben und etwa 3 Minuten pfannenrühren, bis sie leicht gebräunt sind.

Das Fleisch wieder zugeben, Fenchel, Pfeffer, Kurkuma, Chilipulver und Koriander untermischen und unter Rühren weitergaren, bis das Fleisch gar ist. Mit dem Limettensaft beträufeln, die Curryblätter einrühren und servieren.

Hähnchen Harra Masala

Hähnchen mit Koriander & Minze

Ein Klassiker aus Nordindien mit frischen grünen Kräutern und einer unterschwellig würzig-pikanten Note. Diese Kombination gibt dem Gericht einen frischen, leichten und anregenden Anstrich. »Harra« bedeutet schlicht »grün«. Man sollte es ohne Deckel zubereiten, so bleibt die leuchtend grüne Farbe erhalten.

Pflanzen- oder Sonnenblumenöl zum Frittieren

3 Zwiebeln, in feine Streifen geschnitten

8 kleine grüne Chilis

1 Bund Minze, abgezupft

1 Bund Koriandergrün, abgezupft

50 g Cashewkerne

130 g dicker Joghurt (Vollfettstufe), verschlagen

2 TL fein geriebener Ingwer

2 TL zerstoßener Knoblauch

1 kg ausgelöste Hähnchenschenkel ohne Haut, in 4 cm große Stücke geschnitten

2,5 cm Zimtstange

4 grüne Kardamomkapseln

8 schwarze Pfefferkörner

1 TL Kreuzkümmelsamen

2 TL Koriandersamen

3 EL Ghee (Glossar)

¼ TL gemahlene Kurkuma

2 EL Sahne

geviertelte Kirschtomaten und Ingwerscheiben zum Garnieren

FÜR 6 PERSONEN ALS TEIL EINER GEMEINSCHAFTLICHEN TAFEL

Einen Wok oder einen Topf mit dickem Boden zu einem Drittel mit Öl füllen und das Öl auf 180 °C erhitzen – färbt sich ein Brotwürfel darin innerhalb von 15 Sekunden goldbraun, ist die Temperatur erreicht. Die Zwiebeln in dem Öl knusprig frittieren, mit einer Schaumkelle herausheben und auf Küchenpapier abtropfen lassen. Einen Teil der Zwiebeln für Garniturzwecke zur Seite legen.

Grüne Chilis, Minze, Koriandergrün, Cashewkerne und die frittierten Zwiebeln im Mixer zu einer glatten Paste zermahlen. Dies ist das grüne Masala.

Den Joghurt, den Ingwer, den Knoblauch und das grüne Masala in einer großen Schüssel verrühren. Das Hähnchenfleisch in der Mischung wenden und im Kühlschrank 30 Minuten marinieren.

Inzwischen Zimt, Kardamom, Pfefferkörner, Kreuzkümmel und Koriander in der Gewürzmühle oder im Mörser zu einem feinen Pulver zermahlen. Dies ist das Masala-Pulver.

Das Ghee in einer großen Pfanne auf mittlerer bis starker Stufe erhitzen. Das Hähnchenfleisch einlegen und von allen Seiten anbraten. Die Kurkuma und 250 ml Wasser zugeben, leicht salzen und unbedeckt etwa 15 Minuten garen.

Wenn das Fleisch fast gar ist, das Masala-Pulver, die grüne Masala-Marinade und die Sahne unterrühren und noch 5 Minuten köcheln lassen, bis das Hähnchen ganz durch und die Sauce cremig ist. Zum Servieren in einer Schüssel anrichten und mit den restlichen frittierten Zwiebeln, den Kirschtomaten und Ingwer garnieren.

Rajastani Laal Maas

Feuriges Ziegencurry

Dies ist ein sehr scharfes Gericht aus der Wüste von Rajasthan. Sein warnendes Markenzeichen ist die leuchtend rote Farbe, die es dem vielen Chili verdankt. Aus ganzen eingeweichten Chilis wird zunächst eine Paste hergestellt, die ein völlig anderes Resultat erzielt als Chilipulver. Auch wird anstelle von Öl Ghee verwendet, um den Feuersturm der Chilis etwas einzudämmen. Ungewöhnlich an diesem Gericht ist, dass es ganz auf Ingwer und Tomaten verzichtet.

20 getrocknete rote Chilis

1 TL Kreuzkümmelsamen

130 g griechischer Joghurt (Vollfettstufe)

½ TL gemahlene Kurkuma

2 EL gemahlener Koriander

100 g Ghee (siehe Glossar)

6 Knoblauchzehen, in Scheibchen geschnitten

6 grüne Kardamomkapseln

3 schwarze Kardamomkapseln

2 Zwiebeln, in feine Streifen geschnitten

1,25 kg Ziegenkeule oder -schulter mit Knochen, in Stücke zerteilt (bitten Sie den Schlachter um Hilfe)

FÜR 6 PERSONEN ALS TEIL EINER GEMEINSCHAFTLICHEN TAFEL

Die Chilis 20 Minuten in warmem Wasser einweichen. Abtropfen lassen und 4 Schoten für später zur Seite legen. Den Rest im Mixer zu einer feinen Paste zermahlen.

Eine Pfanne kräftig erhitzen und die Kreuzkümmelsamen darin ohne Fett 1 Minute rösten; die Pfanne regelmäßig rütteln. Die Samen im Mörser fein zerstoßen.

In einer Schüssel den Joghurt mit der Kurkuma, dem gemahlenen Koriander, der Chilipaste und dem zerstoßenen Kreuzkümmel verrühren; beiseitestellen.

Das Ghee in einem großen Topf mit dickem Boden auf mittlerer bis hoher Stufe erhitzen und den Knoblauch darin in 2 Minuten goldbraun werden lassen. Den grünen und schwarzen Kardamom und die restlichen Chilis einrühren, dann die Zwiebeln zugeben und alles in 6–8 Minuten bräunen.

Das Ziegenfleisch zugeben und unter Rühren 4–5 Minuten von allen Seiten anbraten. Die Joghurtmischung und 750 ml Wasser zugeben und zum Kochen bringen. Die Temperatur auf niedrige Stufe herunterstellen und unbedeckt etwa 2 Stunden garen, bis das Fleisch ganz zart ist; gelegentlich umrühren. Abschmecken und heiß servieren.

ponnusamy Biryani

Pikanter Reis mit Lammfleisch

Meine Schwäche für Biryani begann während meiner Zeit auf dem Catering College in Madras, als ich das Ponnusamy Hotel entdeckte. Das kleine schmucklose Lokal ist legendär. Es existiert seit 1954 und serviert eines der besten Biryanis der Stadt. Sie verwenden eine spezielle Reissorte, »Seeraga samba« genannt, die einen köstlichen Duft verströmt, wie geschaffen für Biryani. Es gibt unzählige Rezepte für Biryani, die von Region zu Region, ja von Haus zu Haus variieren, und natürlich schwört jede Region auf ihre eigene Version.

Biryani leitet sich vom persischen Wort »biran« ab und bedeutet »vor der Zubereitung gebraten«. Es gibt zwei Grundarten von Biryani. Die erste nennt sich »kachi« (roh) Biryani. Dabei werden Fleisch und Reis roh in einem »lagan«, einem traditionellen Topf, hermetisch verschlossen und stundenlang in »dum« (zusammen) sanft gegart. Es erfordert ein gewisses Können und wird in der Regel von »ustaads« (Meisterköchen) praktiziert, die ihre eigenen »chelas« (Lehrlinge und Bedienstete) haben, die all die Vorbereitungsarbeiten und das Reiswaschen erledigen. Den »chelas« ist es verboten, das Gargeschirr zu öffnen, weil, so glauben die Meister, es den Reis ruinieren könnte. Der »ustaad« teilt seine geheimen Rezepte gewöhnlich nur mit seiner Familie oder einem ausgewählten Stellvertreter. Diese Art von Biryani ist eine Spezialität aus Hyderabad. Ich hatte das Glück, der Kochlegende Maqbul Miaji aus jener Stadt einmal bei der Zubereitung zusehen zu dürfen.

»Pukki« (gegart) Biryani heißt die weniger aufwendige Methode, bei der Fleisch und Reis zuvor getrennt teilgegart, anschließend in einen Topf geschichtet, fest verschlossen und dann fertiggestellt werden. Ich war beeindruckt mitzuerleben, wie ein Biryani-Meister in Lakhnau in zehn riesigen »lagans« über dem offenen Feuer Pukki Biryani für etwa tausend Personen zubereitete. Seine Präzision und sein Timing ließen mich in Ehrfurcht erstarren.

Dieses Rezept ist eine vereinfachte Version des Pukki Biryani.

80 ml Pflanzen- oder
Sonnenblumenöl

6 grüne Kardamomkapseln

2 Zimtstangen

4 Gewürznelken

2 Lorbeerblätter

3 Zwiebeln, in Streifen geschnitten

1 EL fein geriebener Ingwer

2 TL zerstoßener Knoblauch

1 kg ausgelöste Lammkeule, gewürfelt

2 Lammhaxen,
in 5 cm dicke Scheiben geschnitten
(bitten Sie den Metzger um Hilfe)

100 g dicker Joghurt (Vollfettstufe),
verschlagen

1 Tomate, gewürfelt

½ Bund Koriandergrün, Blätter grob
gehackt, Stiele zurückgelegt

¼ Bund Minze, grob gehackt

½ TL gemahlene Kurkuma

2 TL Kaschmir-Chilipulver
(siehe Glossar)

1 TL rotes Chilipulver

500 g Basmatireis

½ TL Garam Masala

5 Safranfäden

3 EL Ghee (siehe Glossar), zerlassen

100 g Butter, zerlassen

3 EL Sahne

frittierte Zwiebeln und frittierte grüne
Chilis zum Garnieren

FÜR 6–8 PERSONEN ALS TEIL EINER GEMEINSCHAFTLICHEN TAFEL

Das Öl in einem Schmortopf auf mittlerer Stufe erhitzen, 4 Kardamomkapseln, 1 Zimtstange, 2 Nelken und die Lorbeerblätter hineingeben. Die Zwiebeln zufügen und in 6–8 Minuten goldbraun anbraten. Den Ingwer und Knoblauch untermengen und 2–3 Minuten anschwitzen. Das Lammfleisch zugeben, salzen und zugedeckt etwa 5 Minuten angehen lassen, bis das Fleisch seinen Saft abzugeben beginnt.

Den Joghurt und die Tomate unterrühren, 250 ml Wasser zugießen, zum Kochen bringen und auf kleiner Flamme 30 Minuten garen. Die Hälfte des Koriandergrüns, ein Drittel der Minze, die Kurkuma und beide Chilipulver einrühren und weitere 15 Minuten schmoren, bis das Lamm etwa halb gar ist. Großzügig salzen.

Den Ofen auf 180 °C vorheizen.

Inzwischen einen Topf mit 2 l Wasser füllen, die restlichen Kardamomkapseln, Zimtstangen und Nelken sowie ein Drittel der verbliebenen Minze und die Korianderstiele hineingeben und zum Kochen bringen. Den Reis einrühren, salzen und unbedeckt bei mittlerer bis hoher Temperatur etwa 10 Minuten kochen, bis er etwa halb gar ist. Nicht abgießen.

Wenn das Fleisch so weit ist, mit einer Schaumkelle nach und nach in kleinen Mengen einen Hügel aus Reis in der Mitte einschichten. Sobald sämtlicher Reis im Topf ist, den Hügel leicht abflachen – aber nicht zu sehr, der Reis darf sich nicht voll Sauce saugen. Ab jetzt auf keinen Fall mehr umrühren – das ist ganz wichtig. Das Garam Masala, den Safran, Ghee und Butter, die Sahne und den Rest Minze und Koriandergrün zugeben. Den Topf mit einem feuchten Tuch zudecken und mit einem Deckel fest verschließen. Das Biryani wird nicht auf dem Herd weitergegart, sondern in 15 Minuten im Ofen fertiggestellt.

Das Biryani herausnehmen und vor dem Öffnen noch 5–10 Minuten ruhen lassen, damit die Aromen durchziehen. Mit frittierten Zwiebeln und grünen Chilis garnieren und servieren.

Rava Methi Machi

Panierter Lachs

Saft von 1 Limette

1 TL fein geriebener Ingwer

1 TL zerstoßener Knoblauch

600 g Lachsfilet mit Haut, in 80–100 g große Portionen zerteilt

100 g grober Grieß

3 EL Mehl

1 EL getrocknete Bockshornkleeblätter (siehe Glossar)

½ TL gemahlener Kreuzkümmel

¼ TL gemahlene Kurkuma

½ TL rotes Chilipulver

3 EL Pflanzen- oder Sonnenblumenöl

Tamarinden-Ingwer-Chutney zum Servieren (siehe Seite 210)

FÜR 6 PERSONEN ALS TEIL EINER GEMEINSCHAFTLICHEN TAFEL

Den Limettensaft, den Ingwer und den Knoblauch verrühren, die Lachstücke von allen Seiten mit der Mischung einreiben und 30 Minuten marinieren.

Grieß, Mehl, Bockshornkleeblätter, Kreuzkümmel, Kurkuma und Chilipulver vermengen. Die Lachsstücke in der Mischung wenden, bis sie rundherum dick bedeckt sind.

Das Öl in einer großen Pfanne auf mittlerer bis hoher Stufe erhitzen. Die panierten Lachsstücke mit der Hautseite nach unten einlegen und knusprig braten. Umdrehen und weitere 2–3 Minuten braten, bis der Fisch fast durch ist – nicht übergaren, er sollte im Kern noch leicht rötlich und weich sein. Mit Tamarinden-Ingwer-Chutney servieren.

Aatukal Karaikudi

Lamm à la Karaikudi

3 EL Pflanzen- oder Sonnenblumenöl

2 Zwiebeln, grob gehackt

1 EL Koriandersamen

5 getrocknete rote Chilis

½ TL Fenchelsamen

2 Sternanis

1 EL fein geriebener Ingwer

1 EL zerstoßener Knoblauch

90 g Tomatenmark

1 kg ausgelöste Lammkeule, gewürfelt

12 Curryblätter

Parathas zum Servieren
(siehe Glossar)

FÜR 6–8 PERSONEN ALS TEIL EINER GEMEINSCHAFTLICHEN TAFEL

In einer Pfanne 1 EL Öl auf mittlerer Stufe erhitzen, Zwiebeln und Koriandersamen hineingeben und in 6–8 Minuten goldbraun anbraten. Die Mischung abkühlen lassen und in der Küchenmaschine oder im Mörser zu einer Paste zermahlen.

Das restliche Öl in einem großen Topf auf mittlerer Stufe erhitzen. Chilischoten, Fenchel, Sternanis, Ingwer und Knoblauch zugeben und 2 Minuten anschwitzen.

Sogfältig die Zwiebelpaste unter die Gewürze rühren, das Tomatenmark untermengen und weitere 3 Minuten anschwitzen.

Das Lammfleisch und 500 ml Wasser zugeben, den Deckel auflegen und auf kleiner Flamme 30 Minuten schmoren. Der Schmorsaft sollte am Ende nicht zu dünnflüssig sein. Gegebenenfalls den Deckel abnehmen und die Sauce bei starker Hitze etwa 5 Minuten einkochen, bis sie sämig ist. Die Curryblätter unterrühren und mit den Parathas servieren.

Karara Bhindi

Knusprig frittierte Okraschoten

Okraschoten werden wegen ihrer geschwungenen Form in Indien auch »ladies' fingers« genannt. Sie sind reich an Ballaststoffen, Mineralien und Vitaminen und sollen die Intelligenz fördern. Darum sind Okras vor Prüfungen in der Schule das Gemüse der Stunde. Sie werden zu einer Vielzahl von Gerichten verarbeitet und haben sich als uraltes Hausmittel bewährt, lange bevor so Dinge wie Tabletten zur Steigerung der Gedächtnisleistung auf den Markt kamen.

Okraschoten sind ein von Natur aus schleimhaltiges Gemüse, das eine spezielle Zubereitungstechnik erfordert, damit Konsistenz und Geschmack gelingen. Dieser knusprige Snack ist die ideale Ergänzung zu einem kühlen Bier an einem sonnigen Nachmittag. Im »Aki's« servieren wir ihn als Vorspeise.

500 g Okraschoten, in Streifen geschnitten

½ TL rotes Chilipulver

¼ TL gemahlene Kurkuma

Saft von 1 Limette

Pflanzen- oder Sonnenblumenöl zum Frittieren

120 g Kichererbsenmehl (Besan)

80 g Reismehl

½ TL Kreuzkümmelsamen

2 TL fein geriebener Ingwer

Dattel-Tamarinden-Chutney (siehe Seite 108) oder Burrani Raita (siehe Seite 211) zum Servieren

FÜR 4 PERSONEN ALS TEIL EINER GEMEINSCHAFTLICHEN TAFEL

Die Okras mit dem Chilipulver, der Kurkuma und dem Limettensaft würzen. Nicht zu lange einwirken lassen, sonst sondern sie ein klebriges Sekret ab und lassen sich kaum mehr mit Mehl bestäuben.

Einen Wok oder einen großen Topf zu einem Drittel mit Öl füllen und auf 180 °C erhitzen – färbt sich ein Brotstückchen darin innerhalb von 15 Sekunden goldbraun, ist die Temperatur erreicht. In einer Schüssel Kichererbsen- und Reismehl sowie Kreuzkümmel, Ingwer und etwas Salz vermengen. Die Okras portionsweise in der Mehlmischung wenden und in dem heißen Öl in 2–3 Minuten goldbraun und knusprig backen. Zwischendurch einmal wenden, damit sie gleichmäßig garen. Mit einer Schaumkelle herausheben, auf Küchenpapier abtropfen lassen und mit dem Chutney oder Raita sofort servieren.

shahi tukda

Mughal-Brot-&-Butter-Pudding

Dies ist im Grunde ein besserer Butterbrotpudding nach dem Vorbild der königlichen Küchen des Mogulreichs. Der Ursprung dieses Gerichts liegt in Lakhnau in Uttar Pradesh. »Shahi« bedeutet »königlich« auf Urdu und »tukda« bedeutet »Stückchen« und bezieht sich auf die von den Herrschern übrig gelassenen Brotbröckchen, aus denen die königlichen Köche dieses Dessert zubereiteten. Der Pudding ist die reinste Völlerei (die Wiedergutmachung kostet Sie eine Stunde auf dem Laufband!). Um die Reichhaltigkeit der Küche der Moguln zu demonstrieren, wurden die Speisen traditionell mit »chandi warq« (essbaren Silberblättchen) dekoriert. Noch heute werden sie auf traditionelle Weise hergestellt, indem man kleine Silberstückchen zwischen zwei Lagen Papier hauchdünn hämmert. Die Silberblättchen sind bloße Spielerei, die den opulenten Charakter unterstreichen soll.

8 Safranfäden

30 ml Rosenwasser

500 ml Milch

6 Sandwichtoast, entrindet

125 g Ghee (siehe Glossar), zerlassen

200 g Zucker

Honig zum Beträufeln

1 Blatt essbares Silber (nach Belieben)

Vanilleeis zum Servieren (nach Belieben)

FÜR 6 PERSONEN ALS DESSERT

Den Ofen auf 180 °C vorheizen.

3 Safranfäden in 25 ml Rosenwasser einweichen und beiseitestellen (es dient später zum Beträufeln).

Die Milch in einem Edelstahltopf mit dickem Boden auf kleiner Flamme unter ständigem Rühren zum Kochen bringen. Beständig weiter köcheln lassen, bis sie auf ein Drittel reduziert ist. Dabei regelmäßig am Rand und Boden rühren, damit sie nicht anbrennt. Abkühlen lassen – dies nennt man *rabri*.

Die Toastscheiben diagonal in Dreiecke schneiden und 10 Minuten im Ofen rösten. Von beiden Seiten mit dem zerlassenen Ghee bestreichen und weitere 15 Minuten im Ofen backen, bis sie goldbraun und knusprig sind. Beiseitelegen.

Inzwischen den Zucker und 400 ml Wasser in einem Topf vermengen, zum Kochen bringen und in 10 Minuten zu einem Sirup einkochen. Den restlichen Safran und das restliche Rosenwasser unterrühren und den Sirup vom Herd nehmen.

Die Toastecken in den heißen Zuckersirup einlegen und weichen lassen.

Zum Servieren auf jedem Teller zwei Toastecken anrichten und mit der Milchcreme *(rabri)* überziehen. Den Honig und das Safran-Rosenwasser darüberträufeln. Mit einem Messer vorsichtig kleine Silberflöckchen ablösen und dekorativ auf dem Dessert arrangieren. Nach Belieben mit Vanilleeis servieren.

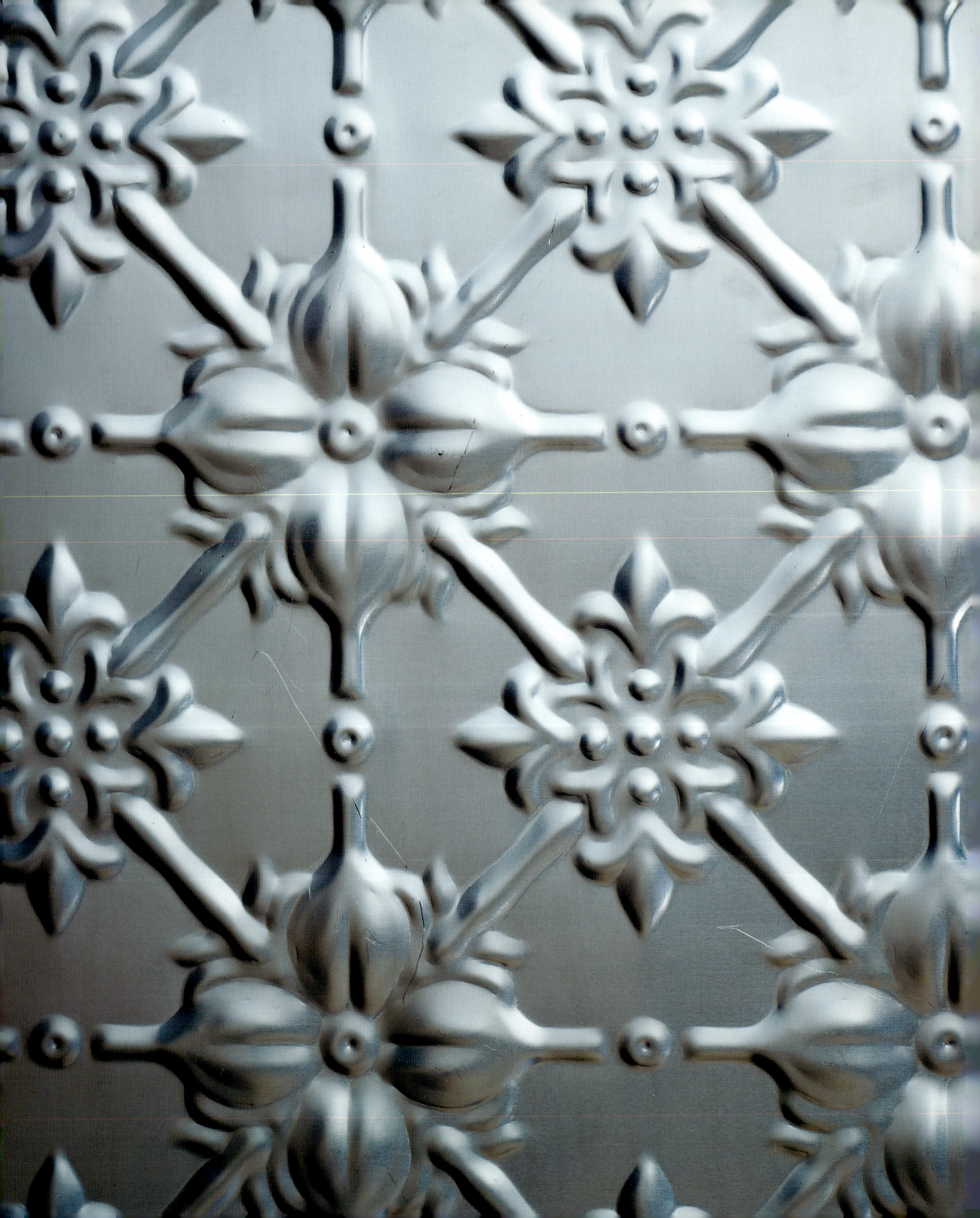

sauer

SAURE SPEISEN BELEBEN DEN GEIST und schärfen den Verstand. Säure konturiert Aromen. Sie stimuliert die Geschmacksknospen, und, glaubt man der ayurvedischen Lehre, hat sie einen »Wach auf!«-Effekt, der uns in die Wirklichkeit zurückholt.

Nachdem ich das Kochcollege beendet hatte, bekam ich einen Job im *Taj Mahal Palace Hotel* in Bombay (heute Mumbai). Ich war erst 17 und nach erbitterten Auseinandersetzungen mit meinen Eltern über meine Entscheidung, Koch zu werden, kam eine Anstellung in einem renommierten Hotel in einer Metropole wie Bombay gerade recht. Es war mein persönlicher Weckruf, um die ganze Mühsal, dorthin zu gelangen, vergessen zu machen. Mein Leben nahm endlich Formen an. Das *Taj* war der erste von vielen Weckrufen. Ich reiste über den gesamten Subkontinent, ging in den Irak ins *Sheraton* und wurde von der indischen Regierung als kulinarischer Botschafter nach Australien geschickt. Es war das »sauer«, das ich als Ausgleich für das »bitter« brauchte.

Saure Speisen sind ideal im Sommer (zusammen mit salzigen; im Winter sollten dagegen scharfe und salzige Aromen den Ton angeben).

Die traditionellen Säuerungsmittel in der indischen Küche sind Tamarinde, grüne Mangos und Mangostanen (Kokam). Sie haben oft konservierende Eigenschaften und spielen eine wichtige Rolle beim Einlegen und Marinieren. Tamarinde war früher unverzichtbar in einem tamilischen Fischcurry, schon weil die Menschen keinen Kühlschrank hatten. Auf dem Dorf bereitete man Currys in einem Tontopf zu und die Tamarinde darin hielt sie ein, zwei Tage frisch – am nächsten Tag schmeckt ein Curry sowie besser.

Die Kokam-Frucht oder Mangostane stammt von der Westküste und dient sowohl medizinischen wie kulinarischen Zwecken. Fast die ganze Pflanze wird genutzt, meist als Garnitur für Currys. Auch in Australien findet man Kokam in Form von Früchten, Öl und Sirup. Die purpurfarbenen Früchte haben einen erfrischenden süßsäuerlichen Geschmack (und keimtötende Eigenschaften), im getrockneten Zustand ist das Aroma herb, Rinde und Blätter des Baumes haben eine adstringierende Note.

Für mich ist keine Mahlzeit komplett ohne ein Chutney oder Pickle. Chutneys und Pickles sind die perfekte Mischung von süß, sauer und salzig, die den Gaumen erfrischt und den Speisen Leben einhaucht. Mango-Pickles gehören praktisch zu jedem Essen dazu. Grüne Mangos haben ebenfalls ein säuerliches Aroma, das für einen anregenden Kontrast zu dem oft fülligen Charakter von Currys sorgt.

Austern mit Mango

Jedes Jahr im Juli feiern wir den Geburtstag des »Abhi's« mit einem Themenschwerpunkt und mit Speisen aus einer bestimmten Region Indiens. Auf diese Weise möchten wir unsere Gäste auf eine kulinarische Reise durch die verschiedenen Landesteile Indiens mitnehmen. Das Interesse unserer Gäste an den regionalen Unterschieden der indischen Küche ermutigte uns, unsere eigenen Kenntnisse über die Küche unserer Heimat zu erweitern. Reisen durch ganz Indien, um die Vielfalt seiner Küche kennenzulernen, sind deshalb für uns beide mittlerweile zur Tradition geworden. Unsere Entdeckungen auf diesen Reisen prägen den Stil des »Abhi's« als Restaurant mit traditioneller indischer Küche im zeitgenössischen Gewand. Diese Kreation mit Austern war ein Hit auf einem der Geburtstagsessen im »Abhi's«. Ein erfrischendes, aromatisches Dressing mit indischem Einschlag. Es ist sehr vielseitig, schmeckt auch zu einem »ceviche« und lässt sich gut vorbereiten.

1 grüne Mango, geschält und fein gewürfelt

1 EL Amchur (Mangopulver; siehe Glossar, nach Belieben) oder 1 EL Limettensaft

1 EL fein geriebener Ingwer

2 EL fein gehacktes Koriandergrün, plus einige zarte Blätter zum Garnieren

1 TL Zucker

24 Austern, geöffnet

FÜR 4 PERSONEN ALS VORSPEISE

Sie müssen einen Tag im Voraus beginnen.

Die Mango, falls sie Ihnen nicht sauer genug ist, mit dem Amchur bestreuen. Die Mangowürfel in einer Schüssel mit 1 TL Salz bestreuen und über Nacht im Kühlschrank marinieren. Dabei zieht die Mango Saft, der ziemlich sauer schmeckt. Den Saft nicht weggießen.

Den Ingwer auspressen und den Saft in einer kleinen Schale auffangen; den ausgedrückten Ingwer wegwerfen. Das Koriandergrün und den Zucker in den Ingwersaft rühren, bis sich der Zucker aufgelöst hat.

Die Mischung unter die Mangowürfel mischen und über die Austern ziehen. Mit Korianderblättern garnieren und servieren.

Brinjal Mirchi Salan

Auberginencurry mit Chili

Eine Spezialität aus Hyderabad, das bekannt ist für seine gelungene Verschmelzung der Mughlai-Küche des Nordens mit der südindischen Küche. Die Nawabs (Abgesandte des Kaisers im Mogulreich) in Hyderabad passten die Mughlai-Küche den Bedingungen der für sie neuen Heimat an.

8 Mini-Auberginen

1½ TL gemahlene Kurkuma

80 ml Pflanzen- oder Sonnenblumenöl

1 TL Panch Phoron Masala (siehe Glossar)

2 rote Zwiebeln, in feine Streifen geschnitten

10 Curryblätter

1 EL fein geriebener Ingwer

2 TL zerstoßener Knoblauch

2 EL gemahlener Koriander

1½ EL Kaschmir-Chilipulver (siehe Glossar)

2 EL Tamarindenmark (siehe Glossar)

2 längliche grüne Paprika, in 2,5 cm dicke Ringe geschnitten

frittierte Curryblätter zum Garnieren

fein geschnittene Ingwerstreifen zum Garnieren

MASALA-PASTE

50 g rohe geschälte Erdnusskerne

25 g Sesamsamen

80 g Kokosraspel

4 kleine grüne Chilis, gehackt

FÜR 4–6 PERSONEN ALS TEIL EINER GEMEINSCHAFTLICHEN TAFEL

Für die Masala-Paste eine mittelgroße Pfanne auf mittlerer Stufe erhitzen, Erdnüsse, Sesamsamen und Kokosraspel hineingeben und fettlos rösten, bis sie leicht gebräunt sind; die Pfanne regelmäßig rütteln. Die Mischung im Mixer oder in der Küchenmaschie mit den grünen Chilis zu einer Paste zermahlen. Nach und nach 125 ml Wasser einarbeiten und weitermixen, bis die Masse glatt ist. Beiseitestellen.

Die Auberginen an der Basis bis zur Mitte kreuzweise tief einschneiden. Die Einschnitte mit etwas Salz und ½ TL Kurkuma einreiben und 20–30 Minuten liegen lassen.

In einem mittelgroßen Schmortopf 2 EL Öl auf mittlerer Stufe erhitzen. Das Panch Phoron Masala, die Zwiebeln und die Curryblätter hineingeben und goldbraun anbraten. Ingwer und Knoblauch untermischen und 1 weitere Minute anschwitzen. 2 EL Wasser, den Koriander, das Chilipulver und die restliche Kurkuma einrühren, nach 2 weiteren Minuten das Tamarindenmark, die Masala-Paste und 1 Liter Wasser zugeben und 20 Minuten auf kleiner Flamme köcheln lassen.

Inzwischen das restliche Öl in einer Pfanne mäßig stark erhitzen und die Auberginen von allen Seiten goldbraun anbraten.

Wenn die Sauce so weit ist, die Auberginen hineinlegen und etwa 10 Minuten garen, bis sie weich sind. Salzen, die Paprika hineingeben und noch einmal 5 Minuten köcheln lassen. Mit Curryblättern und Ingwer garnieren und servieren.

Tipp: Damit die Masala-Paste glatt wird, nicht zu viel Wasser auf einmal zugeben. Wer es richtig feurig mag, kann zuletzt noch einen aufgeschlitzten grünen Chili und ein paar Curryblätter untermixen.

pakodi kadi

Frittierte Kichererbsenklöße mit Joghurtsauce

Ein sommerlicher Sonntagnachmittag mit der Familie ist der perfekte Rahmen für »kadi«. Jede Region in Indien hat ihre eigene Version dieser Sauce, die man gewöhnlich aus frisch angesetztem Joghurt zubereitet, der gerade im Begriff ist sauer zu werden. In Gujarat gibt man ein wenig Zucker hinzu, in Südindien geriebenes Kokosmark, doch ungeachtet der Region gehört in jedem Fall Asant hinein. Die Angelegenheit wird leichter, wenn man die frittierten Klöße weglässt. Ideale Beilagen sind weißer Reis, Papadams und Mango-Pickle. Dieses Gericht ist bei unserem Personal sehr beliebt, besonders wenn es mein junger Koch Dhanasekaran zubereitet.

PAKODI

1 kleine Zwiebel, gehackt

120 g Kichererbsenmehl (Besan)

1 Prise Ajowan (siehe Glossar)

1 Prise Backnatron

2 EL feines Reismehl

1 TL fein gehacktes Koriandergrün

¼ TL fein geriebener Ingwer

¼ TL rotes Chilipulver

1 Prise gemahlene Kurkuma

¼ TL Koriandersamen, zerstoßen

Pflanzen- oder Sonnenblumenöl zum Frittieren

KADI

500 g dicker Joghurt (Vollfettstufe)

2 EL Pflanzen- oder Sonnenblumenöl

40 g Kichererbsenmehl (Besan)

2 TL fein geriebener Ingwer

½ Bund Koriandergrün, nur die Stiele, fein gehackt

1½ TL rotes Chilipulver

1 TL gemahlene Kurkuma

1 Prise Asant (siehe Glossar)

TADKA (GARNITUR)

2 EL Pflanzen- oder Sonnenblumenöl

¼ TL schwarze Senfsamen

1 getrockneter roter Chili

1 TL Koriandersamen

1 TL Kreuzkümmelsamen

1 Prise Asant

1 Zweig Curryblätter, Blätter abgezupft (nach Belieben)

FÜR 3–4 PERSONEN ALS TEIL EINER GEMEINSCHAFTLICHEN TAFEL

Für die Pakodi sämtliche Zutaten (außer dem Öl) mit 125 ml Wasser verrühren, salzen und 10 Minuten quellen lassen.

Einen Wok oder einen Topf mit dickem Boden zu einem Drittel mit Öl füllen und auf 170 °C erhitzen – wenn sich ein Brotstückchen darin innerhalb von 20 Sekunden goldbraun färbt, ist die Temperatur erreicht.

Zum Formen der Pakodi die Finger mit etwas Öl oder Wasser benetzen, da die Masse recht klebrig ist. Dann kleine Mengen aufnehmen (etwa 1 gestrichenen Dessertlöffel) und zu kleinen Bällchen formen. Die Bällchen vorsichtig in das heiße Öl gleiten lassen und 3–4 Minuten frittieren, bis sie goldbraun, jedoch nicht knusprig sind. Mit einer Schaumkelle herausheben und auf Küchenpapier abtropfen lassen. Sie sollten insgesamt etwa 18 Pakodi erhalten. Beiseitestellen.

Für das Kadi sämtliche Zutaten in einem mittelgroßen Topf vermengen und auf mittlerer Stufe 20 Minuten garen; regelmäßig umrühren, damit der Joghurt nicht gerinnt.

Die frittierten Pakodi unter die Sauce rühren und weitere 5 Minuten garen. Vom Herd nehmen.

Als Garnitur ein *tadka* bereiten. Dafür das Öl in einer kleinen Pfanne mäßig stark erhitzen und die Senfsamen etwa 20 Sekunden anrösten. Die restlichen Zutaten (außer den Curryblättern) zugeben und 1 weitere Minute rösten; zuletzt die Curryblätter unterrühren. Die Mischung vor dem Servieren heiß über das Kadi gießen – Vorsicht vor spritzendem Öl.

Heiß servieren.

Hähnchen Cafreal

Grünes Hähnchencurry

Jede Region in Indien hat ihr grünes Hähnchencurry und ihren eigenen Trick, es »aufzugrünen«. Dieses Cafreal ist eine von den Portugiesen beeinflusste Variante aus Goa mit Rum und Wein – für die goanesische Küche typische Zutaten, in keinem anderen Landesteil verwendet man Alkohol zum Kochen. Brauner Rum und Koriandergrün verleihen diesem Curry eine kräftige flaschengrüne Farbe.

2 TL gemahlene Kurkuma

1 EL fein geriebener Ingwer

2 TL zerstoßener Knoblauch

1 EL Malzessig

1 kg ausgelöste Hähnchenschenkel ohne Haut, in je 3 Stücke geschnitten

80 ml Pflanzen- oder Sonnenblumenöl

Chiliöl zum Garnieren (nach Belieben)

GRÜNE MASALA-PASTE

1 Bund Koriandergrün, abgezupft

½ Bund Minze, abgezupft

1 Zwiebel, gehackt

4 kleine grüne Chilis

5 cm Ingwerwurzel

1 EL Zucker

6 Knoblauchzehen

5 cm Zimtstange

12 schwarze Pfefferkörner

6 Gewürznelken

2 TL Kreuzkümmelsamen

3 EL brauner Rum

2 EL Malzessig

FÜR 6–8 PERSONEN ALS TEIL EINER GEMEINSCHAFTLICHEN TAFEL

Kurkuma, Ingwer, Knoblauch, Essig und ½ TL Salz in einer Schüssel vermengen. Das Hähnchenfleisch rundherum mit der Mischung einreiben und 1 Stunde im Kühlschrank marinieren.

Sämtliche Zutaten für die grüne Masala-Paste im Mixer oder in der Küchenmaschine zu einer feinen Paste zermahlen. Das Öl in einer großen Pfanne mit dickem Boden auf mittlerer bis hoher Stufe erhitzen, die Hähnchenstücke einlegen und von allen Seiten braun anbraten.

Die Masala-Paste zugeben, den Deckel auflegen und 15–20 Minuten bei niederer Temperatur schmoren, bis das Fleisch zart ist; eventuell die letzten 3 Minuten den Deckel abnehmen, damit die Sauce etwas eindickt. Nach Belieben mit Chiliöl beträufeln und servieren.

panir matar bhurji

Käse-Erbsen-Curry

Dieses Gericht habe ich in einem kleinen Lokal namens Kailash Parbat am Colaba Causeway in Mumbai (Bombay) entdeckt. In meiner Zeit im »Taj Mahal Palace Hotel« aß ich dort regelmäßig an meinen freien Tagen. Es war damals beim Hotelpersonal äußerst beliebt. Das Lokal gibt es noch heute und noch immer sieht man dort den einen oder anderen Koch vom »Taj« bei einer vegetarischen Mahlzeit sitzen.

3 EL Ghee (siehe Glossar), zerlassen

½ TL Kreuzkümmelsamen

3 kleine grüne Chilis, gehackt

1 Zwiebel, fein gehackt

1 EL fein geriebener Ingwer

¼ TL gemahlene Kurkuma

1 TL gemahlener Koriander

½ TL getrocknete Bockshornkleeblätter (siehe Glossar)

1 Tomate, fein gewürfelt

300 g Panir (indischer Frischkäse; siehe Glossar), zerkrümelt, oder Hüttenkäse

100 g gepalte Erbsen

3 EL Sahne

3 Zweige Koriandergrün, abgezupft

Roti (siehe Glossar) oder Chapati (Seite 218), zum Servieren

FÜR 4 PERSONEN ALS TEIL EINER GEMEINSCHAFTLICHEN TAFEL

Das Ghee in einem Topf mit dickem Boden auf mittlerer Stufe erhitzen und den Kreuzkümmel darin 1 Minute bräunen. Die Chilis zugeben, nach 1 weiteren Minute die Zwiebeln hinzufügen und 6–8 Minuten anbraten, bis sie goldbraun sind. Ingwer, Kurkuma, gemahlenen Koriander, Bockshornklee und die Tomatenwürfel unterrühren und 5 Minuten garen.

Den Panir und die Erbsen hineingeben und zugedeckt 5–7 Minuten köcheln lassen. Die Sahne unterrühren, mit Salz abschmecken und vom Herd nehmen.

Das Curry mit Korianderblättern garnieren und heiß mit dem Brot servieren.

Rindfleisch-Jardaloo

Rindfleisch mit Aprikosen

Dies ist ein klassisches Festtagsgericht der Parsen, das ich in meiner Zeit in Mumbai (Bombay) aufgegabelt habe. Die Küche der Parsen ist stark persisch beeinflusst, darum die Verwendung von Trockenfrüchten. Das zugleich süße, säuerliche und scharfe Gericht schmeckt am besten mit Chapati oder einem Pilaw.

200 g getrocknete Aprikosen

4 Zimtstangen

6 grüne Kardamomkapseln

4 Gewürznelken

5 getrocknete rote Chilis

2 TL Kreuzkümmelsamen

2 TL Koriandersamen

30 ml Malzessig

2 EL Sonnenblumenöl

2 Zwiebeln, gehackt

½ TL Garam Masala

2 Tomaten, gewürfelt

600 g Rinderhüfte, gewürfelt

½ Bund Koriandergrün, grob gehackt

FÜR 4 PERSONEN ALS TEIL EINER GEMEINSCHAFTLICHEN TAFEL

Die Aprikosen am besten über Nacht in 250 ml kaltem Wasser einweichen. Andernfalls etwa 3 Stunden in warmem Wasser einweichen, bis die Früchte weich und aufgequollen sind. Abtropfen lassen und beiseitestellen.

In einer Gewürzmühle 2 Zimtstangen mit dem Kardamom, den Nelken, den getrockneten Chilis, dem Kreuzkümmel und dem Koriander zu einem feinen Pulver zermahlen. Den Essig und 1 EL Wasser zugeben und alles zu einer Paste verrühren. Beiseitestellen.

Das Öl in einem Topf auf mittlerer Stufe erhitzen. Die restlichen Zimtstangen und die Zwiebeln hineingeben und 6–8 Minuten bräunen.

Das Garam Masala und die Gewürzpaste unterrühren, mit etwas Wasser beträufeln, damit die Gewürze nicht verbrennen und 1–2 Minuten anrösten, bis sich das Öl am Topfrand absetzt.

Die Tomaten untermischen und 2–3 Minuten garen.

Das Rindfleisch und die Aprikosen zugeben und zugedeckt 30–40 Minuten sanft schmoren, bis das Fleisch zart ist. Mit Salz abschmecken, mit dem gehackten Koriandergrün bestreuen und servieren.

chatpata machli

Scharfer gebratener Fisch

½ TL gemahlene Kurkuma

1 EL rotes Chilipulver,
plus Pulver zum Bestauben

1 TL gemahlener schwarzer Pfeffer

1 EL Kokosöl

1 TL schwarze Senfsamen

½ TL Bockshornkleesamen

6 Schalotten, gehackt

3 Knoblauchzehen, in Scheibchen
geschnitten

150 ml Tamarindenwasser
(siehe Glossar)

200 ml Kokosmilch

800 g Snapperfilets

1 orangefleischige Süßkartoffel

Pflanzen- oder Sonnenblumenöl
zum Frittieren

1 EL gehacktes Koriandergrün

FÜR 4–6 PERSONEN ALS TEIL EINER GEMEINSCHAFTLICHEN TAFEL

Die Kurkuma, das Chilipulver und den Pfeffer mit 1 EL Wasser zu einer glatten Paste verrühren.

In einem Schmortopf mit dickem Boden das Kokosöl auf mittlerer Stufe erhitzen, Senfsamen und Bockshornklee hineinstreuen und 20 Sekunden anrösten. Schalotten und Knoblauch zugeben, 1 Minute anschwitzen, dann die Kurkumapaste einrühren und noch einmal 2 Minuten rösten.

Das Tamarindenwasser zugießen, salzen und auf kleiner Flamme 10 Minuten köcheln lassen.

Die Kokosmilch zugeben und die Mischung in 2–3 Minuten zu einer dicken Sauce einkochen. Vom Herd nehmen und auf Raumtemperatur abkühlen lassen.

Sobald abgekühlt, 3 EL der Mischung abnehmen. Mit dem Rest den Fisch von allen Seiten bestreichen und mindestens 2 Stunden im Kühlschrank marinieren.

In der Zwischenzeit die Garnitur vorbereiten. Die Süßkartoffel schälen und in streichholzgroße Stäbchen schneiden. Einen Wok oder einen Topf mit dickem Boden zu einem Drittel mit Öl füllen und auf 180 °C erhitzen – färbt sich ein Brotstückchen darin innerhalb von 15 Sekunden goldbraun, ist die Temperatur erreicht. Die Streichholzkartoffeln knusprig frittieren, mit einem Schaumlöffel herausheben, auf Küchenpapier abtropfen lassen und mit etwas Salz und Chilipulver bestreuen.

Die 3 verbliebenen EL Kokospaste mit 2 EL Wasser zu einer glatten Sauce verrühren – sie dient zum Beträufeln des Fischs.

Einen Elektro- oder Holzkohlegrill vorheizen. Den Fisch von jeder Seite etwa 2 Minuten grillen, mit etwas Sauce beträufeln und mit den Streichholzkartoffeln und dem Koriandergrün garnieren.

Fischcurry nach Art von Goa

1 kg ganzer Barramundi (oder anderer fester weißfleischiger Fisch) mit Haut, in etwa 2 cm dicke, fingerlange Stücke geschnitten

½ TL gemahlene Kurkuma

5 Stückchen Mangostane (siehe Glossar) oder 1 Extralöffel Tamarindenmark

1 langer roter Chili

3 EL Pflanzen- oder Sonnenblumenöl

1 Zwiebel, in Streifen geschnitten

1 TL fein geriebener Ingwer

½ TL zerstoßener Knoblauch

1 EL Tamarindenmark (siehe Glossar)

50 ml Kokoscreme

2 TL fein geschnittener Ingwer zum Garnieren

MASALA-PASTE

150 g frisch geriebenes Kokosmark (siehe Glossar)
oder 120 g getrocknete Kokosraspel

8 getrocknete rote Kaschmir-Chilis (siehe Glossar)
oder 1½ EL Paprika edelsüß

1 EL Koriandersamen

2 TL Kreuzkümmelsamen

1 TL schwarze Pfefferkörner

1 TL gemahlene Kurkuma

FÜR 6 PERSONEN ALS TEIL EINER GEMEINSCHAFTLICHEN TAFEL

Den Fisch mit Kurkuma einreiben etwa 30 Minuten einwirken lassen. Die Mangostanen 10 Minuten in 250 ml heißem Wasser einweichen.

Aus dem Chili eine dekorative Blüte zum Garnieren schneiden: Die Schote an der Spitze bis zur Hälfte kreuzweise einschneiden und 5 Minuten in Eiswasser legen.

Sämtliche Zutaten für die Masala-Paste im Mixer zu einer feinen Paste zermahlen, 125 ml Wasser zugeben und glatt rühren.

In einem großen Topf mit dickem Boden das Öl auf mittlerer Stufe erhitzen und die Zwiebeln 5 Minuten anschwitzen. Ingwer und Knoblauch zugeben und weitere 2 Minuten angehen lassen.

Die Mangostanenstücke samt Einweichwasser und das Tamarindenmark einrühren und 15 Minuten bei geringer Hitze köcheln lassen.

Die Kokoscreme und den Fisch hineingeben und weitere 5 Minuten kochen, bis der Fisch gar ist. Mit der Chiliblüte und dem fein geschnittenen Ingwer garnieren und servieren.

Tipp: Reibt man den Fisch zusätzlich mit Salz und Chilipulver ein, wird das Ergebnis noch würziger.

knuspriges schweinefleisch mit ingwer-tamarinden-glasur

Dieses Gericht stand auf der allerersten Karte des »Abhi's«, auf besonderen Wunsch meines lieben Freundes Tava. Es hat sich bei vielen unserer Stammgäste zu einem Dauerbrenner entwickelt. Ohne Glasur macht es sich auch gut als Vorspeise.

WÜRZMISCHUNG ZUM EINREIBEN

1½ EL zerstoßene Koriandersamen

1½ EL fein geriebener Ingwer

2 TL zerstoßener schwarzer Pfeffer

2 TL zerstoßener Knoblauch

1 TL Fenchelsamen

½ TL gemahlene Kurkuma

1 TL rotes Chilipulver

1 TL Garam Masala

Saft von 1 Limette

650 g ausgelöster Schweinebauch, in Scheiben geschnitten

40 g Kichererbsenmehl (Besan)

3 EL Maisstärke

Pflanzen- oder Sonnenblumenöl

5 cm Ingwerwurzel, in feine Streifen geschnitten

1 langer roter Chili, in feine Streifen geschnitten

1 kleiner grüner Chili, in feine Streifen geschnitten

INGWER-TAMARINDEN-GLASUR

1 EL Pflanzenöl

½ TL schwarze Senfsamen

2 TL fein geriebener Ingwer

2 EL Tamarindenmark

2 EL geriebener Palmzucker oder brauner Zucker

FÜR 4–6 PERSONEN ALS TEIL EINER GEMEINSCHAFTLICHEN TAFEL

Sämtliche Zutaten für die Würzmischung mit etwas Salz vermengen. Die Schweinebauchscheiben rundherum damit einreiben und 20 Minuten einwirken lassen.

Das Kichererbsenmehl und die Maisstärke vermischen und leicht salzen.

In einer großen Pfanne das Öl auf mittlerer Stufe erhitzen. Das Fleisch mit der Mehlmischung bestauben, überschüssiges Mehl abschütteln, und 6 Minuten braten, bis es knusprig ist; regelmäßig wenden. Auf Küchenpapier abtropfen und in fingergroße Stücke schneiden.

Für die Glasur das Öl in einem Topf auf mittlerer bis hoher Stufe erhitzen und die Senfsamen 20 Sekunden rösten. Ingwer, Tamarindenmark, Zucker und 3 EL Wasser zugeben und die Mischung sirupartig einkochen.

Die gebratenen Schweinebauchstücke in der Glasur schwenken, mit Ingwer und Chili garnieren und servieren.

patrani machi

In Bananenblättern gedämpfter Fisch

800 g festes weißfleischiges Fischfilet (z.B. Snapper, Heilbutt, Seeteufel), in 4–6 Portionen geschnitten

1 TL gemahlene Kurkuma

2–3 Bananenblätter

1 Bund Koriandergrün, grob gehackt

½ Bund Minze, grob gehackt

2 kleine grüne Chilis, grob gehackt

5 cm Ingwerwurzel, grob gehackt

90 g Kokosraspel

2 TL Mango-Chutney (Fertigprodukt)

Saft von 1–2 Limetten

6–8 schwarze Pfefferkörner

Limettenspalten zum Servieren

FÜR 4–6 PERSONEN ALS TEIL EINER GEMEINSCHAFTLICHEN TAFEL

Den Fisch mit Kurkuma einreiben und 15–20 Minuten einwirken lassen.

Die Bananenblätter in 4–6 Rechtecke schneiden, groß genug, um jeweils eine Portion Fisch einzuschlagen. Einen Bambus- oder Metalldämpfkorb mit Backpapier auslegen, damit die Pakete nicht festkleben.

Die restlichen Zutaten (außer den Limettenspalten) mit ½ TL Salz im Mixer zu einer groben Paste verarbeiten. Nicht zu fein zermahlen, sonst verliert das Kokos seine körnige Beschaffenheit.

In die Mitte der Bananenblätter je 1 Portion Fisch legen und dick mit der Paste bestreichen. Vollständig in die Blätter einschlagen und die Pakete mit dem Saum nach unten in den Dämpfkorb legen. Einen fest schließenden Deckel auflegen, in einen Topf oder Wok mit kochendem Wasser einsetzen und 10–15 Minuten dämpfen, bis der Fisch gar ist. In den Blättern mit Limettenspalten sofort servieren.

akoori

Rührei mit Curry

So beginnt mein Tag. Ich kann auf das Mittagessen verzichten, das Abendessen auslassen, doch ohne »akoori« am Morgen geht nichts! Meinen Söhnen habe ich bereits beigebracht, wie man ein perfektes »akoori« zubereitet. Weit mehr als ein simples Rührei mit Curry entwickelt es Aromen, die einen fit für den ganzen Tag machen. Es ist so leicht und belebend, wie man es sich nur wünschen kann. »Akoori« ist ein traditionelles Gericht der Parsen, worauf es ankommt, ist, dass das Ei locker und luftig bleibt.

6–8 Eier, leicht verschlagen

1 EL zerlassene Butter

2 EL Sahne

4–5 Korianderzweige, abgezupft, plus extra zum Garnieren

1 EL Pflanzen- oder Sonnenblumenöl

1 TL Kreuzkümmelsamen

2 Schalotten, fein gehackt

2 kleine grüne Chilis, Samen entfernt und fein gehackt

2 TL fein gehackter Ingwer

1 TL fein gehackter Knoblauch

¼ TL gemahlene Kurkuma, plus extra zum Garnieren

1 Tomate, fein gewürfelt

Toast zum Servieren

FÜR 4 PERSONEN ZUM FRÜHSTÜCK

Eier, Butter, Sahne und Koriandergrün in einer Schüssel verschlagen und salzen.

Das Öl in einer großen Pfanne auf mittlerer Stufe erhitzen und den Kreuzkümmel 1 Minute rösten.

Die Schalotten zugeben, sobald sie goldbraun sind, den Chili, Ingwer und Knoblauch hinzufügen und 1 Minute anschwitzen.

Kurkuma und Tomate zugeben, das verschlagene Ei in die Pfanne gießen und auf kleiner Flamme unter gelegentlichem Rühren garen, bis das Rührei die gewünschte Konsistenz erreicht hat. Abschmecken und eventuell noch etwas nachsalzen.

Das Rührei auf Tellern anrichten, mit Koriandergrün und Kurkuma garnieren und mit Toast servieren.

tipp: Denken Sie daran, dass das Ei in der Resthitze noch nachgart, wenn man die Pfanne vom Herd nimmt. Also rechtzeitig herunternehmen.

urulai chemeen charu

Garnelencurry nach Art von Kerala

Dies ist ein sehr leichtes und einfaches Gericht, an dem das indische Cricket-Team seine Freude hatte, als es in Sydney weilte. Biji, Koch im »Abhi's«, versteht sich glänzend auf seine Zubereitung. Kein Wunder, stammt es doch aus seinem Heimartort.

3 EL Pflanzen- oder Sonnenblumenöl

1 TL schwarze Senfsamen

10 Schalotten, gehackt

1 EL fein geriebener Ingwer

2 TL zerstoßener Knoblauch

5 kleine neue Kartoffeln, geviertelt

4 kleine grüne Chilis, gehackt

2 Tomaten, gewürfelt

70 g frisch geriebenes Kokosmark (siehe Glossar) oder 50 g Kokosraspel

2 EL Tamarindenmark (siehe Glossar)

12 Curryblätter

1 TL rotes Chilipulver

½ TL gemahlene Kurkuma

500 g rohe Garnelen, bis auf das Schwanzsegment geschält, Därme entfernt

FÜR 4 PERSONEN ALS TEIL EINER GEMEINSCHAFTLICHEN TAFEL

Das Öl in einem Topf auf mittlerer Stufe erhitzen und die Senfsamen darin 20 Sekunden rösten. Die Schalotten zugeben und etwa 5 Minuten anschwitzen, bis sie weich, aber nicht gebräunt sind. Ingwer, Knoblauch und 1 EL Wasser einrühren und 1 weitere Minute garen.

Die restlichen Zutaten – außer den Garnelen – zugeben und zugedeckt auf kleiner Flamme schmoren, bis die Kartoffeln fast gar sind. Die Garnelen einlegen und in der Currysauce in 2–3 Minuten gar ziehen lassen.

meen pulli kozhambu

Tamilisches Fischcurry

Ein einfaches Curry mit klaren Aromen. Es ist eines der seltenen indischen Gerichte, die ohne Ingwer und Knoblauch auskommen. Die Sauce lässt sich einen Tag im Voraus zubereiten und im Kühlschrank aufbewahren, am nächsten Tag schmeckt das Fischcurry ohnehin noch besser. Als Gargeschirr am besten dafür geeignet ist ein Terrakotta- oder Keramiktopf.

1 kg Barramundi-Filets ohne Haut (oder anderer fester weißfleischiger Fisch)

½ TL gemahlene Kurkuma

1 EL Kaschmir-Chilipulver (siehe Glossar)

3 EL Pflanzen- oder Sonnenblumenöl

1 TL schwarze Senfsamen

2 getrocknete rote Chilis

¼ TL Bockshornkleesamen

½ TL Kreuzkümmelsamen

1 große Zwiebel, in Streifen geschnitten

1 TL rotes Chilipulver

2 TL gemahlener Koriander

1 TL gemahlener Kreuzkümmel

125 ml Tamarindenwasser (siehe Glossar)

250 g Tomatenmark (einfach konzentriert)

200 ml Kokosmilch

2 TL Zucker (nach Belieben)

2 Zweige Curryblätter, Blätter abgezupft

FÜR 6 PERSONEN ALS TEIL EINER GEMEINSCHAFTLICHEN TAFEL

Den Fisch mit der Kurkuma und der Hälfte des Kaschmir-Chilipulvers einreiben und die Gewürze 20 Minuten einwirken lassen.

Das Öl in einem Topf mit dickem Boden auf mittlerer Stufe erhitzen und die Senfsamen darin 20 Sekunden rösten.

Die getrockneten Chilischoten sowie die Bockshornklee- und Kreuzkümmelsamen zugeben und 1 weitere Minute rösten, bis die Mischung aromatisch duftet und die Spitzen der Chilis geschwärzt sind.

Die Zwiebeln hinzufügen und bei geringer Tempertur 6–8 Minuten anschwitzen, ohne dass sie Farbe annehmen.

Das rote Chilipulver und das restliche Kaschmir-Chilipulver sowie Koriander, Kreuzkümmel, Tamarindenwasser, Tomatenmark und 250 ml Wasser zugeben und zugedeckt auf kleiner Flamme etwa 15 Minuten garen.

Die Kokosmilch zugießen und weitere 5 Minuten köcheln lassen. Abschmecken und, falls das Tamarindenwasser sehr sauer ausfällt, mit dem Zucker abrunden.

Den Fisch einlegen und 5 Minuten in der Sauce gar ziehen. Mit Salz abschmecken und vor dem Servieren mit Curryblättern garnieren.

Madras-Garnelen-Vendaki

Garnelencurry mit Okras

100 g frisch geriebenes Kokosmark
(siehe Glossar)

1 EL geröstetes Chana Dal
(siehe Glossar)

80 ml raffiniertes Sesamöl
(siehe Glossar)

2 TL schwarze oder
braune Senfsamen

1 TL Bockshornkleesamen

1 EL Kreuzkümmelsamen

100 g Schalotten

100 g Okraschoten, geputzt und
einseitig 3 cm lang eingeschnitten

1 EL rotes Chilipulver

2 EL gemahlener Koriander

1 TL gemahlene Kurkuma

75 ml Tamarindenkonzentrat
(siehe Glossar)

2 Tomaten, gewürfelt

12 Curryblätter

12 ungeschälte rohe Riesengarnelen

TADKA (GARNITUR)

1 EL raffiniertes Sesamöl
(siehe Glossar)

4 getrocknete rote Chilis

8–10 Curryblätter

FÜR 4–6 PERSONEN ALS TEIL EINER GEMEINSCHAFTLICHEN TAFEL

Das geriebene Kokosmark und das Chana Dal in der Küchenmaschine oder einer Gewürzmühle fein zermahlen – falls nötig, portionsweise arbeiten, das Pulver sollte sehr fein sein.

Das Sesamöl in einem großen Topf auf mittlerer Stufe erhitzen und die Senfsamen 20 Sekunden darin rösten. Bockshornklee, Kreuzkümmel und Schalotten zugeben und 2 Minuten anschwitzen. Die Okraschoten hinzufügen und weitere 5 Minuten garen. Die Mischung aus dem Topf nehmen und beiseitestellen.

Chilipulver, Koriander, Kurkuma, Tamarindenkonzentrat, Tomaten und die Kokosmischung mit 750 ml Wasser in den Topf geben und 5 Minuten aufkochen. Die Hälfte der Curryblätter hinzufügen, die Okramischung wieder einrühren und noch einmal 5 Minuten köcheln lassen.

Inzwischen für die Garnitur ein *tadka* (siehe Glossar) vorbereiten. Das Sesamöl in einer kleinen Pfanne auf kleiner Flamme erhitzen. Chilis und Curryblätter hineingeben und 1 Minute anschwitzen, bis sie aromatisch duften. Vom Herd nehmen.

Wenn die Okra-Currysauce so weit ist, die Garnelen einlegen und 2–3 Minuten darin gar ziehen. Die vorbereitete Garnitur darüber verteilen und sofort servieren.

murghi nu farcha

Gebratenes Hähnchen auf parsische Art

Keine parsische Hochzeit wäre vollständig ohne dieses Gericht. Dazu wird das Hähnchen zuerst in einer kräftig gewürzten Sauce gegart und anschließend in einer Eihülle gebraten. Das Ei verleiht dem Ganzen auch optisch eine ansprechende Erscheinung.

¾ TL gemahlene Kurkuma

1 TL rotes Chilipulver

½ TL gemahlener Kreuzkümmel

6 ausgelöste Hähnchenschenkel ohne Haut, halbiert

80 ml Pflanzen- oder Sonnenblumenöl

1 kleine Zwiebel, gehackt

2 kleine grüne Chilis, in Streifen/Ringe geschnitten

2 TL fein geriebener Ingwer

2 TL zerstoßener Knoblauch

1 Tomate, gewürfelt

12 Minzeblätter, gehackt

½ Bund Koriandergrün, grob gehackt

2 Eier

1 TL Garam Masala

50 g Mehl

FÜR 6 PERSONEN ALS IMBISS ODER ALS TEIL EINER GEMEINSCHAFTLICHEN TAFEL.

½ TL Kurkuma mit dem Chilipulver und dem Kreuzkümmel vermengen, rundherum in das Hähnchenfleisch einreiben und das Fleisch 20 Minuten im Kühlschrank marinieren.

Den Ofen auf 180 °C vorheizen.

In einer großen ofenfesten Pfanne 2 EL Öl erhitzen. Zwiebeln und grüne Chilischoten 5 Minuten anschwitzen, bis die Zwiebeln gebräunt sind. Ingwer und Knoblauch zugeben und 2–3 Minuten unter Rühren garen. Die Tomate untermengen und alles zu einer dicken Masala-Masse einkochen lassen. Das Hähnchenfleisch einlegen und 5 Minuten garen, sodass es rundherum mit dem Masala überzogen ist.

Die Pfanne in den Ofen schieben und das Hähnchen in 5 Minuten fertigstellen.

Aus dem Ofen nehmen, die Minze und die Hälfte des Koriandergrüns unterrühren und abkühlen lassen.

In einer Schüssel die Eier mit etwas Salz verschlagen, das restliche Koriandergrün, die restliche Kurkuma und das Garam Masala unterrühren.

Das Hähnchenfleisch aus der Sauce nehmen, abtropfen und in dem Mehl wenden.

Das restliche Öl in einer sauberen Pfanne auf mittlerer bis hoher Stufe erhitzen. Die Hähnchenstücke in das verschlagene Ei tauchen, kurz abtropfen und von allen Seiten goldbraun braten. Auf Küchenpapier abtropfen lassen und sofort servieren.

dhaba aloo murg

Hähnchencurry mit Kartoffeln

Ein »dhaba« ist ein preiswertes Gasthaus, das Autoreisende unterwegs gern für eine Stärkung ansteuern. Ein indischer Truckstop sozusagen. Dieses spezielle Hähnchen-Kartoffel-Curry hatte es uns auf unseren Reisen besonders angetan – wir genossen es in Delhi auf dem Weg nach Agra. Glücklicherweise hatten wir nach diesem reichhaltigen Mahl noch den Luxus eines Chauffeurs!

1,5 kg Hähnchenschenkel ohne Haut (siehe Tipp)

300 g dicker Joghurt (Vollfettstufe), verschlagen

80 g Ghee (siehe Glossar)

2 EL Pflanzen- oder Sonnenblumenöl

6 grüne Kardamomkapseln

2 Zimtstangen

4 rote Zwiebeln, in Streifen geschnitten

1 EL fein geriebener Ingwer

2 TL zerstoßener Knoblauch

90 g Tomatenmark

2 TL rotes Chilipulver

3 TL gemahlener Koriander

½ TL Garam Masala

4–6 kleine neue Kartoffeln, ungeschält halbiert

6 Korianderzweige, Blätter grob gehackt

FÜR 6 PERSONEN ALS TEIL EINER GEMEINSCHAFTLICHEN TAFEL

Das Hähnchenfleisch in den Joghurt einlegen und 30 Minuten im Kühlschrank marinieren – der Joghurt wirkt als Zartmacher.

Das Ghee und das Öl in einem Topf mit dickem Boden auf mittlerer Stufe erhitzen. Den Kardamom und den Zimt etwa 1 Minute rösten, bis die Gewürze aromatisch duften. Die Zwiebeln zugeben und 8–10 Minuten goldbraun anschwitzen. Ingwer und Knoblauch unterrühren und weitere 2 Minuten garen. Tomatenmark, Chilipulver, gemahlenen Koriander und Garam Masala hinzufügen, salzen, alles mit 1–2 EL Wasser benetzen und 7–10 Minuten garen, bis sich das Öl am Topfrand absetzt. Immer wieder den Bratensatz vom Boden losrühren.

Die Hähnchenstücke samt Joghurt einlegen und zugedeckt 10–15 Minuten schmoren, bis das Fleisch langsam weich wird. Die Kartoffeln und 250 ml Wasser zugeben und weitere 30 Minuten garen, bis die Kartoffeln weich sind. Salzen, mit Koriandergrün garnieren und servieren.

tipp: Dieses Curry schmeckt am besten mit am Knochen gegarten Keulen ohne Haut von einem Freilandhuhn. Sie benötigen etwas länger, doch der Lohn ist ein unvergleichlicher Geschmack.

Wer es etwas schärfer mag, kann vier grüne Chilis in etwas Öl anbraten und unter das fast fertige Curry rühren.

Lagan nu cushter

Parsischer Hochzeitspudding

Mein guter Freund und Ziehvater Cyrus Todiwala vom »Café Spice Namasté« in London vertraute mir dieses Rezept an. Das erste Mal aß ich »Lagan nu cushter«, als ich 1977 im »Taj Mahala Palace Hotel« in Bombay (Mumbai) anfing, damals war Cyrus dort Küchenchef. Der Pudding war nicht die einzige positive Überraschung, die auf mich wartete. Im »Taj« fand ich in Cyrus einen Mentor, der zur prägenden Figur in meiner Laufbahn werden sollte.

750 ml Milch

600 ml Sahne

110 g Zucker

3 Eier (Bio oder Freiland)

½ TL gemahlener grüner Kardamom

½ TL geriebene Muskatnuss

1 EL Rosenwasser

1 Vanilleschote, längs halbiert

2 TL Charoli
(Chironji; siehe Glossar)

3 Pistazienkerne,
in feine Scheibchen gehobelt

2 rohe Mandeln,
in Scheibchen gehobelt

Butter zum Einfetten

FÜR 8 PERSONEN ALS DESSERT

Den Ofen auf 140 °C vorheizen.

Die Milch und 400 ml der Sahne in einem Topf mit dickem Boden zum Kochen bringen – denken Sie daran, dass Milch leicht überkocht und leicht anbrennt. Sobald sie aufwallt, die Temperatur herunterstellen und die Mischung leise auf etwa die Hälfte einkochen, bis sie eine appetitliche hellbeige Farbe angenommen hat und leicht karamellisiert ist. Damit nichts von der wertvollen Haut verloren geht, mit einem befeuchteten Pinsel beständig den Milchfilm vom Topfrand streichen. Die sich an der Oberfläche bildende Haut abschöpfen und für später beiseitelegen.

Sobald die Mischung auf die Hälfte eingekocht ist, den Zucker zugeben und unter ständigem Rühren weitere 3–5 Minuten köcheln lassen. Vom Herd nehmen, etwas abkühlen lassen und noch relativ warm mit der Haut im Mixer pürieren, bis die Mischung glatt ist.

Die Eier, die restliche Sahne, den Kardamom, die Muskatnuss und das Rosenwasser in einer großen Schüssel verrühren, das ausgekratzte Vanillemark untermischen und mit dem Stabmixer aufschäumen. Nach und nach unter ständigem Schlagen die warme Milchmischung in die Eiermasse gießen.

8 kleine Puddingförmchen von etwa 150 ml Volumen oder eine große ofenfeste Form von 1,5 l Volumen mit Butter einfetten. Die Eiercreme einfüllen, gleichmäßig mit den Nüssen bestreuen und in eine Bratenpfanne setzen. Bis fast zur halben Höhe der Förmchen heißes Wasser eingießen und die Puddings im Wasserbad im Ofen etwa 40 Minuten garen. Zur Garprobe mit einem spitzen Messer einstechen. Kommt es sauber wieder heraus, sind die Puddings fertig. Sie sollten außerdem eine schöne goldgelbe Farbe angenommen haben. Aus dem Wasserbad nehmen und raumtemperiert oder gekühlt servieren.

Bebinca

Schichtkuchen nach Art von Goa

Ich aß dieses klassische Dessert aus Goa zum ersten Mal, als unser erster Küchenchef im »Abhi's« Amitava Guha es auf die Karte setzte. Es ist ziemlich zeitaufwendig, doch eigentlich ganz simpel und das Ergebnis lohnt die Mühe allemal.

300 g Mehl

½ TL geriebene Muskatnuss

450 ml Kokosmilch

250 g Zucker

4 Eigelb

10 grüne Kardamomkapseln, zerstoßen

2 Vanilleschoten, längs halbiert

125 g Ghee (siehe Glossar), zerlassen

Vanilleeiscreme und/oder Vanillesauce zum Servieren (nach Belieben)

FÜR 6–8 PERSONEN ALS DESSERT

Das Mehl und die Muskatnuss in eine Schüssel sieben und beiseitestellen. Kokosmilch, Zucker, Eigelb und Kardamom in einer großen Schüssel vermengen und das Vanillemark hineinkratzen. Mit einem Stabmixer alles behutsam verquirlen und durch ein feines Sieb in eine weitere große Schüssel gießen.

Das Mehl unterziehen und alles zu einem glatten Teig (ähnlich einem Pfannkuchenteig) verarbeiten. Erscheint er etwas zu dick, 2–3 EL Wasser unterrühren. Die richtige Konsistenz ist ganz entscheidend. Beiseitestellen und 45 Minuten quellen lassen.

Den Ofen auf 180 °C vorheizen.

Eine runde oder quadratische Backform von 20 cm Durchmesser leicht mit zerlassenem Ghee einfetten, etwa eine Kelle Teig einfüllen und durch Neigen der Form gleichmäßig verteilen, sodass der Boden etwa 1 cm dick bedeckt ist. Im Ofen 15 Minuten backen, bis der Teigboden dunkelbraun ist. Die Oberfläche muss karamellisiert sein, bevor die nächste Schicht aufgetragen wird.

Die Teigoberfläche mit weiterem Ghee einpinseln, eine weitere Kelle Teig einfüllen und erneut wie beschrieben backen. Den Vorgang so lange wiederholen, bis sämtlicher Teig verbraucht ist (insgesamt sollten etwa 8 Schichten entstehen).

Den Kuchen, sobald er komplett ist, etwas abkühlen lassen und aus der Form lösen. In Stücke schneiden und warm oder kalt mit Vanilleeis und/oder Vanillesauce servieren.

Tipp: Sie können den Kuchen auch unter dem Grill backen.

Keine Sorge, wenn eine Schicht etwas zu dunkel gerät, einfach weiter den Teig darüberschichten. Die späteren Schichten benötigen weniger lange als die ersten.

würzig

DIE EHE IST DIE WÜRZE DES LEBENS. Gewürze bringen Geschmack in jedes Gericht. Sie sind ein integraler Bestandteil der indischen Küche und sorgen für Schwung, Farbe und Dynamik.

Am 12. Juli 1987 verband sich mein Schicksal mit dem Subas. Die Ehe war von unseren Familien nach Konsultation eines Astrologen arrangiert worden, es stand also bereits in den Sternen, dass Suba ein Teil meines Lebens werden sollte – die nötige Würze bei all meinen Bemühungen.

Wenn die Inder von Spice – Gewürz – reden, meinen sie intensive Aromen, nicht Schärfe. Chili betrachten sie nicht als Gewürz. Die Welt der indischen Gewürze ist so reich und farbenfroh wie der Subkontinent selbst. Entscheidend und nicht ganz einfach ist die Wahl und Verwendung der richtigen Gewürze, des geeigneten Masala für eine Speise. Masala ist ein Allgemeinbegriff für jede Art von Gewürzmischungen, ein Eckpfeiler der indischen Küche und Grundlage jedes guten Currys. Ein Masala kann aus zwei oder 20 Gewürzen bestehen. Eines der bekanntesten ist Garam Masala (*garam* bedeutet warm). Jede Region schwört auf ihre eigene Version und Mischung und jeder Koch, der etwas auf sich hält, hat seine ganz spezielle Geheimrezeptur.

Gewürze sind Indiens Geschenk an die Welt. Mehr als 50 verschiedene Arten werden in Indien angebaut und jährlich werden 2,7 Mio. Tonnen Gewürze produziert, das entspricht etwa der Hälfte der weltweiten Produktion. Sangli in Maharashtra, wo Suba früher gelebt und studiert hat, ist Asiens größtes Handelszentrum für Kurkuma, »Kurkuma-Stadt« genannt. Pfeffer, manchmal auch als schwarzes Gold bezeichnet, ist das auf dem Weltmarkt wichtigste Gewürz. Sein Name leitet sich vom Tamilischen »pippali« ab.

Wichtig ist, dass Gewürze frisch sind. Ganze Gewürze halten sich länger als gemahlene, die man innerhalb eines Jahres verbrauchen sollte. Gelagert werden sie, vor Wärme und Licht geschützt, in luftdicht verschlossenen Behältern, nicht in der aufgerissenen Tüte.

Meine Großmutter Meenakshi verwendete keine Fenchelsamen. Priester und Brahmanen verzichten auf viele Gewürze, weil sie glauben, sie würden die Sinne erregen und die Wollust schüren. Jedoch liebte meine Großmutter Nelken, Kardamom, Zimt, Muskat und Pfeffer, Gewürze, die ihrem Essen einen reineren, geradlinigeren Geschmack verliehen und bis heute auch meine Küche prägen.

Zwar verwende ich Fenchel, doch meide ich komplexe Masalas mit 35 verschiedenen Gewürzen, weil ich glaube, dass man die einzelnen Aromen und ihre Wirkungsweise herausschmecken sollte.

Wenn Sie Gewürze wenig verwenden, sind Sie anfangs vielleicht etwas vorsichtig, doch beim ersten Bissen werden Sie sich fragen, wie Sie so lange ohne sie ausgekommen sind. Sie haben sie vermisst, ohne es zu merken … so wie es mir ging mit meinem »Spice Girl« Suba.

Hähnchen Chukka

Hähnchen nach Art der Chettiaren

Dieses würzige Hähnchengericht aus Südindien ist ein wahres Geschmacksfeuerwerk. Es stammt aus Karaikudi, einer Stadt in der Region Chettinad. Die wohlhabenden Chettiaren (Angehörige verschiedener südindischer Händlerkasten) reisten oft nach Myanmar (Burma) und in andere Länder, um mit Holz Handel zu treiben, und brachten alle möglichen Gewürze mit zurück. Das erklärt den reichlichen Gebrauch von Gewürzen in der Küche der Chettiaren. Ursprünglich dienten Gewürze in Indien auch dazu, minderwertige Zutaten zu kaschieren. Heute verwende ich sie allein, um den Geschmack zu verbessern.

MASALA-PASTE

2 EL Koriandersamen

100 g Kokosraspel

1 EL Kreuzkümmelsamen

1 EL schwarze Pfefferkörner

2 TL Fenchelsamen

10 getrocknete rote Chilis

6 ganze Gewürznelken

4 frische Lorbeerblätter

3 Stückchen Zimtkassie
(oder Zimtstange)

3 grüne Kardamomkapseln

2 Sternanis

120 ml Pflanzen- oder Sonnenblumenöl

2 rote Zwiebeln,
in Streifen geschnitten

1 EL zerstoßener Knoblauch

5 cm frischer Ingwer, fein gerieben

2 Tomaten, gehackt

8 Stücke Hähnchenfleisch ohne Haut
(Ober- und Unterschenkel und Brust)

12 Curryblätter

FÜR 4–6 PERSONEN ALS TEIL EINER GEMEINSCHAFTLICHEN TAFEL

Für die Masala-Paste eine mittelgroße Pfanne auf mittlerer Stufe erhitzen und die Koriandersamen darin 1 Minute leicht rösten; die Pfanne regelmäßig rütteln. Die restlichen Zutaten zugeben und weitere 2 Minuten rösten, bis die Mischung aromatisch duftet und etwas Farbe angenommen hat; regelmäßig rühren. Beim Rösten entfaltet sich das Aroma der Zutaten, bevor sie gemahlen werden. Die Mischung in der Gewürzmühle fein zermahlen und je nach Bedarf 60–125 ml Wasser unterrühren, bis eine dicke, halbfeste Paste entstanden ist.

In einem großen Schmortopf mit dickem Boden 80 ml Öl auf mittlerer Stufe erhitzen und die Zwiebeln in 6–8 Minuten goldbraun anbraten. Knoblauch und Ingwer zugeben (etwas Ingwer zum Garnieren reservieren) und 1 Minute anschwitzen. Die Tomaten unterrühren und weitere 2 Minuten garen.

Die Masala-Paste und das Hähnchenfleisch zugeben und behutsam umrühren, bis das Fleisch von allen Seiten gut bedeckt ist.

125 ml Wasser zugießen und unbedeckt auf kleiner Flamme etwa 20 Minuten schmoren, bis das Hähnchen gar ist.

Inzwischen in einer Pfanne das restliche Öl erhitzen und die Hälfte der Curryblätter in 1–2 Minuten knusprig braten. Beiseitestellen.

Ist das Hähnchen gar, die restlichen Curryblätter untermengen und noch 2 Minuten garen. Mit Ingwer und den gerösteten Curryblättern garnieren und servieren.

Gutti Venkai Koora

Gefüllte Auberginen

Gutti Venkai Koora bedeutet wörtlich »gefüllt, Aubergine, trocken«. Gehaltvolle, hintergründige Gewürze voller Intensität und Substanz machen die Füllung aus. Unser Personal im »Abhi's« liebt dieses Gericht (vor allem die Kollegen aus Andhra).

12 Mini-Auberginen

2 EL Tamarindenmark (siehe Glossar)

125 ml Pflanzen- oder Sonnenblumenöl

¼ TL schwarze Senfsamen

1 Prise Bockshornkleesamen

½ TL halbierte Urad Dal (Urdbohnen; siehe Glossar)

10 Curryblätter

2 getrocknete rote Chilis

in feine Streifen geschnittener Ingwer zum Garnieren

FÜLLUNG

1 EL Pflanzenöl

2 Zwiebeln, in feine Streifen geschnitten

6 Knoblauchzehen, fein gehackt

3 getrocknete rote Chilis

3 EL rohe Erdnusskerne

3 EL Kokosraspel

1 EL Koriandersamen

1 TL Kreuzkümmelsamen

2 TL Chana Dal (siehe Glossar)

¼ TL Asant (siehe Glossar)

¼ TL weiße Sesamsamen

10 Curryblätter

FÜR 4–6 PERSONEN ALS TEIL EINER GEMEINSCHAFTLICHEN TAFEL

Die Auberginen von der Basis aus kreuzweise so weit einschneiden, dass etwas Platz für die Füllung entsteht, aber nicht durchschneiden. Die Öffnung mit Salz bestreuen und die Auberginen beiseitelegen.

Für die Füllung das Öl in einer Pfanne auf mittlerer Stufe erhitzen, Zwiebeln und Knoblauch hineingeben und 6–8 Minuten anbraten, bis sie leicht gebräunt sind. Abkühlen lassen.

Eine kleine Pfanne auf mittlerer Stufe erhitzen und darin nacheinander Chilis, Erdnüsse, Kokosraspel, Koriander, Kreuzkümmel, Chana Dal, Asant, Sesam und Curryblätter rösten. Die Pfanne immer wieder rütteln und achtgeben, dass die Zutaten nicht verbrennen. Sämtliche gerösteten Zutaten unter die Zwiebelmischung mengen.

Das Tamarindenmark in einer kleinen Schüssel mit 250 ml Wasser verrühren.

Die Auberginen mit der vorbereiteten Mischung füllen.

In einer großen Pfanne mit dickem Boden 2 EL Öl mäßig stark erhitzen, die Auberginen einlegen und von allen Seiten etwas Farbe annehmen lassen. Aus der Pfanne nehmen.

In derselben Pfanne das restliche Öl erhitzen und die Senfsamen 20–30 Sekunden rösten. Bockshornklee, Urad Dal, Curryblätter und getrocknete Chilis zugeben und 1 Minute Farbe annehmen lassen.

Die gefüllten Auberginen vorsichtig wieder einlegen und zugedeckt 7–8 Minuten braten, bis sie weich sind. Die Pfanne ab und zu schütteln – jedoch nicht zu kräftig, sonst zerfallen die Auberginen.

Wenn die Auberginen weich sind, den Deckel abnehmen, die Tamarindenmischung hineingießen und die Sauce in 7–10 Minuten sämig einkochen lassen. Mit dem Ingwer garnieren und servieren.

palak patta chaat

Indischer Straßensnack

Dieser berühmte Straßenimbiss wird eigentlich nicht zu Hause zubereitet. Man genießt ihn draußen, unterwegs auf einer Einkaufstour zur Stärkung. Dazu gehören normalerweise Weizencracker, die mit Joghurt und Tamarinden- oder Koriander-Chutneys bestrichen werden. Ich habe den beliebten Snack für das »Abhi's« überarbeitet und die allzu schlichten Cracker durch Spinat im Backteig ersetzt. Das recht saure Tamarinden-Chutney wird durch die süßen Datteln etwas gebändigt.

FRITTIERTE SPINATBLÄTTER

150 g Kichererbsenmehl (Besan)

50 g Reismehl

½ TL rotes Chilipulver

2 TL Salz

Erdnuss- oder Rapsöl zum Frittieren

1 Handvoll Spinat (etwa 20 Blätter), entstielt, gewaschen und abgetrocknet

MINZE-KORIANDER-CHUTNEY

½ Bund Minze

1 Bund Koriandergrün, grob gehackt

4 lange grüne Chilis, gehackt

1 EL Zitronensaft

2 TL fein geriebener Ingwer

¼ TL gemahlener schwarzer Pfeffer

1 TL Salz

DATTEL-TAMARINDEN-CHUTNEY

30 g entsteinte Datteln, gehackt

1 EL Tamarindenkonzentrat (siehe Glossar)

1 EL geriebener Palmzucker *(jaggery)*

2½ TL gemahlener Kreuzkümmel

TOMATEN-CHILI-CHUTNEY

2 reife Tomaten

4 lange rote Chilis, gehackt

2½ TL Paprika edelsüß

JOGHURTDRESSING

1 EL gemahlener Kreuzkümmel

250 g griechischer Joghurt (Vollfettstufe)

1 EL feiner Zucker

ZUM SERVIEREN

100 g Kartoffeln
(vorzugsweise Russet Sebago oder Bintje), gekocht, geschält und gewürfelt

125 g Kichererbsen aus der Dose (Abtropfgewicht), abgespült

2 TL gehacktes Koriandergrün

FÜR 6 PERSONEN ALS VORSPEISE

Zuerst den Backteig für den Spinat zubereiten. Beide Mehle mit dem Chilipulver und Salz in einer Schüssel vermengen. In der Mitte eine Mulde bilden, nach und nach 300 ml Wasser zugießen und alles zu einem glatten Teig verschlagen. Bis zum Gebrauch zugedeckt beiseitestellen.

Sämtliche Zutaten für das Minze-Koriander-Chutney im Mixer fein zermahlen. In eine kleine Schale füllen und bis zum Servieren zudecken.

Für das Dattel-Tamarinden-Chutney sämtliche Zutaten in einem kleinen Topf vermengen, 80 ml Wasser zugießen und bei schwacher Hitze 10 Minuten garen, bis die Datteln weich sind. Durch ein feinmaschiges Sieb in eine Schüssel streichen; die festen Rückstände wegwerfen. Abkühlen lassen, zudecken und bis zum Servieren beiseitestellen.

Für das Tomaten-Chili-Chutney die Tomaten an der Basis kreuzweise leicht einritzen. In eine hitzebeständige Schüssel legen, mit kochendem Wasser übergießen und 30 Sekunden ziehen lassen. Die Tomaten kalt abschrecken, häuten und halbieren. Mit einem kleinen Löffel die Kerne herauslösen und wegwerfen. Das Fruchtfleisch grob würfeln, mit den Chilis und dem Paprikapulver in einem kleinen Topf vermengen und 10–15 Minuten sanft schmoren. Das Chutney durch ein feines Sieb streichen, die Flüssigkeit weggießen. Abkühlen lassen und zugedeckt beiseitestellen.

Für das Joghurtdressing eine kleine Pfanne mäßig stark erhitzen und den Kreuzkümmel darin 30 Sekunden rösten; die Pfanne regelmäßig rütteln und schütteln. Joghurt und Zucker in einer Schüssel vermischen, den gerösteten Kreuzkümmel hineingeben und sorgfältig verrühren. Zugedeckt kalt stellen.

Sobald Sie bereit zum Servieren sind, den Spinat frittieren. Dazu eine Fritteuse oder einen ausreichend hohen Topf 10 cm hoch mit Öl füllen und auf 180 °C erhitzen – färbt sich ein Brotstückchen darin innerhalb von 15 Sekunden goldbraun, ist es heiß genug. Die Spinatblätter einzeln in den Teig tauchen, kurz abtropfen und portionsweise in dem heißen Öl goldbraun und knusprig backen. Mit einer Schaumkelle herausheben und auf Küchenpapier abtropfen lassen.

Den frittierten Spinat auf Teller verteilen und mit den Kartoffelwürfeln und Kichererbsen bestreuen. Etwas Joghurtdressing darüberklecksen, mit gehacktem Koriandergrün bestreuen und mit den vorbereiteten Chutneys sofort servieren.

Mysore Kozhi

Hähnchencurry nach Art von Mysore

1 kg ausgelöste Hähnchenkeulen ohne Haut, in je 3 Stücke geschnitten

125 g dicker Joghurt (Vollfettstufe)

100 g frisch geriebenes Kokosmark (siehe Glossar)

80 ml Pflanzen- oder Sonnenblumenöl

6 grüne Kardamomkapseln

2 × 2½ cm Zimtstange

6 Gewürznelken

1 Zwiebel, in Streifen geschnitten

1 EL fein geriebener Ingwer

1 EL zerstoßener Knoblauch

2 TL gemahlene Kurkuma

1 EL Kaschmir-Chilipulver (siehe Glossar)

1 Tomate, gewürfelt

4 kleine grüne Chilis, längs halbiert

100 ml Kokosmilch

in feine Streifen geschnittener Ingwer und fein gehacktes Koriandergrün zum Garnieren (nach Belieben)

FÜR 4–6 PERSONEN ALS TEIL EINER GEMEINSCHAFTLICHEN TAFEL

Das Hähnchenfleisch in den Joghurt einlegen und 20 Minuten marinieren.

Das geriebene Kokosmark mit 125 ml Wasser im Mixer zu einer feinen Paste zermahlen – entscheidend ist, dass die Paste wirklich ganz fein wird.

In einem Schmortopf mit dickem Boden das Öl auf mittlerer Stufe erhitzen, Kardamom, Zimt und Nelken hineingeben und etwa 1 Minute anrösten, bis die Mischung aromatisch duftet. Die Zwiebeln zugeben und in 6–8 Minuten goldbraun anbraten. Ingwer und Knoblauch untermengen, nach 1 weiteren Minute Kurkuma, Chilipulver, Tomate und die grünen Chilis zugeben und noch einmal 2 Minuten anschwitzen.

Die Kokospaste und 250 ml Wasser zugeben und zugedeckt 15 Minuten köcheln lassen.

Das Hähnchenfleisch samt Joghurt hineingeben und zugedeckt weitere 15 Minuten garen.

Die Kokosmilch zugießen und noch 5 Minuten weitergaren, bis das Fleisch zart ist. Nach Belieben mit Ingwer und gehacktem Koriandergrün garnieren und servieren.

Aki's Eisenbahn-Ziegencurry

Unser Ziegencurry hat über die Jahre die vielen Umgestaltungen unserer Speisekarte schadlos überstanden. In Indien bezeichnet »mutton« (Hammel) Ziegen-, nicht Schaffleisch. Hier wird das Fleisch am Knochen gegart, so bleibt es schön saftig und liefert eine gehaltvolle Sauce. Ursprünglich war das Gericht ein Reiseproviant, den die Leute im Zug der Southern Railway aßen. Der Legende nach entstand es, als ein Zug einmal auf der Strecke mit einer Ziege kollidierte … Bingo, Ziegencurry! Wir haben es ein wenig abgewandelt, das traditionelle Kokosöl ersetzt und unsere eigene Gewürzmischung entwickelt.

100 ml Sonnenblumenöl

3 Lorbeerblätter

2,5 cm Zimtstange

6 grüne Kardamomkapseln

9 Gewürznelken

2 rote Zwiebeln, in feine Streifen geschnitten

2 TL zerstoßener Knoblauch

1½ EL fein geriebener Ingwer

½ TL gemahlene Kurkuma

1 TL rotes Chilipulver

1 EL gemahlener Koriander

3 Tomaten, gewürfelt

1,5 kg Ziegenkeule mit Knochen, in mundgerechte Würfel zerteilt (bitten Sie den Metzger um Hilfe)

4 Zweige Koriandergrün, plus extra zum Garnieren

1 Prise Muskatblüte

FÜR 8–10 PERSONEN ALS TEIL EINER GEMEINSCHAFTLICHEN TAFEL

Das Öl in einem Schmortopf nur mäßig erhitzen, Lorbeerblätter, Zimt, Kardamom und Nelken hineingeben und anrösten, bis die Gewürze appetitlich duften. Die Zwiebeln zugeben und in 8–10 Minuten goldbraun anbraten. Den Knoblauch untermengen, nach 1 weiteren Minute Ingwer, Kurkuma, Chilipulver und den gemahlenen Koriander folgen lassen und 2 Minuten Farbe annehmen lassen; zwischendurch 1 EL Wasser unterrühren, damit die Mischung nicht anbrennt.

Die Tomaten zugeben und weitergaren, bis sich am Rand das Öl abzusetzen beginnt.

Das Ziegenfleisch hineingeben, salzen, von allen Seiten in der Sauce wenden und unter Rühren 5 Minuten angaren, bis es Saft zieht.

1 Liter Wasser zugießen, zum Kochen bringen und zugedeckt 1½ Stunden schmoren. Die Sauce im Auge behalten. Ist sie zu dünn, ohne Deckel 20–30 Minuten einkochen lassen. Die ganzen Korianderzweige und die Muskatblüte unterrühren und vom Herd nehmen. Mit weiterem Koriandergrün garnieren und servieren.

Tipp: Langsames Garen garantiert für extrazartes Fleisch.

Masala-Lammkoteletts

Für dieses Rezept sollten Sie meinen Schlachter bei mir um die Ecke konsultieren. Vom ersten Tag an belieferte er unsere beiden Restaurants mit Fleisch. Gerade dieses Gericht steht und fällt mit der Qualität der Lammkoteletts. Seine Lämmer stammen aus Junee in der Region Riverina in New South Wales. Bei derart guter Qualität kann man praktisch nichts falsch machen.

1 TL gemahlene Muskatblüte

1 TL gemahlener Kardamom

2 TL Fenchelsamen

2 cm frischer Ingwer, grob gehackt

3 Knoblauchzehen, grob zerdrückt

½ Bund Koriandergrün

3 EL Limettensaft

1 TL Kaschmir-Chilipulver (siehe Glossar)

½ TL gemahlene Kurkuma

12 Lammkoteletts, Knochen freigeschabt

¼ TL Safranfäden

3 EL dicker Joghurt (Vollfettstufe)

1 EL Olivenöl

FÜR 6 PERSONEN ALS TEIL EINER GEMEINSCHAFTLICHEN TAFEL

Muskatblüte, Kardamom und Fenchelsamen in einer Schüssel zu einem Garam Masala vermengen und beiseitestellen.

Im Mörser oder in einer kleinen Gewürzmühle den Ingwer und den Knoblauch mit 1 Prise Salz zu einer Paste zermahlen. Das Koriandergrün samt Stielen zugeben und alles weiter fein zermahlen. Die Paste in eine große Schüssel geben.

Garam Masala, Limettensaft, Chilipulver, Kurkuma und ½ TL Salz in die Paste geben und gründlich untermengen. Die Lammkoteletts in die Würzmischung einlegen, rundherum darin wenden und zugedeckt im Kühlschrank 2 Stunden marinieren.

In einem Schälchen den Safran in 30 ml kochend heißem Wasser einweichen. Abkühlen lassen, den Joghurt zugeben, leicht salzen und glatt rühren. Die Mischung über die Lammkoteletts ziehen und das Fleisch von allen Seiten darin wenden.

Den Ofen auf 180 °C vorheizen und ein Blech mit Backpapier auslegen.

Das Öl in einer großen Pfanne mäßig stark erhitzen. Die Lammkoteletts portionsweise einlegen und von jeder Seite 1 Minute anbraten. Auf das vorbereitete Blech legen und im Ofen 5–7 Minuten für *medium* oder wie gewünscht fertigstellen. Vor dem Servieren 4 Minuten ruhen lassen.

Kesar Badami Khurma

Hähnchencurry mit Safran

Ein opulentes Safranhähnchen, bei dem sich nussig-röstige Aromen und mildcremiger Joghurt perfekt ergänzen. Es ist regelmäßig stolzer Bestandteil meiner Kochvorführungen im »Abhi's«. Ein Gericht für alle, die Anregungen für ihr Curry-Repertoire suchen. Seine Schlichtheit gründet in dem maßvollen Gebrauch von Gewürzen.

100 g blanchierte (geschälte) Mandeln

50 g Cashewkerne

2 EL Ghee (siehe Glossar)

2 EL Pflanzen- oder Sonnenblumenöl

3–4 Kardamomkapseln

2–3 Zimtstangen

1 TL Chilipulver

1 EL gemahlener Koriander

5 Safranfäden

2 rote Zwiebeln, in Streifen geschnitten

1 EL fein geriebener Ingwer

1 EL zerstoßener Knoblauch

150 g dicker Joghurt (Vollfettstufe), verschlagen

1 kg ausgelöste Hähnchenschenkel, in je 3 Stücke geschnitten

100 ml Sahne

6 Zweige Koriandergrün, grob gehackt

FÜR 6 PERSONEN ALS TEIL EINER GEMEINSCHAFTLICHEN TAFEL

Mandeln und Cashewkerne 1 Stunde in heißem Wasser einweichen, abtropfen lassen und in der Küchenmaschine oder einer Gewürzmühle zu einer glatten Paste zermahlen – eventuell muss der Vorgang einige Male wiederholt werden, die Paste sollte wirklich ganz fein und geschmeidig sein. Beiseitestellen.

Das Ghee und das Öl in einem großen Schmortopf auf mittlerer Stufe erhitzen. Kardamom, Zimt, Chilipulver, gemahlenen Koriander und Safran hineingeben und 1 Minute anrösten, bis die Mischung aromatisch duftet. Die Zwiebeln zugeben und goldbraun anbraten. Ingwer und Knoblauch unterrühren und ebenfalls 2 Minuten angehen lassen.

Den verschlagenen Joghurt mit der Mandelpaste verrühren, zu den anderen Zutaten in den Topf geben und nicht ganz zugedeckt bei geringer Temperaturstufe 10–15 Minuten garen. Dabei nach und nach je nach Bedarf 500 ml Wasser einarbeiten, damit das Masala nicht ansetzt oder verbrennt.

Sobald sich Öl von der Sauce zu trennen beginnt, das Hähnchen einlegen, salzen und zugedeckt bei mittlerer Temperatur 15–20 Minuten garen, bis es zart ist. Die Sahne unterrühren und mit gehacktem Koriandergrün garnieren.

Tipp: Wichtig für das Gelingen ist, dass man die Sauce auf mäßiger Temperaturstufe lange genug köcheln lässt und das Hähnchen erst hineingibt, wenn sie praktisch schon fertig ist.

Lamm-Kozhambu

Lammcurry mit Cashewkernen & Kokos

Wie man das ausspricht? Es zu kochen ist einfacher. Dieses Curry ist in jedem südindischen Haushalt eine feste Größe und macht nicht viel Mühe.

60 g Kokosraspel

3 EL Cashewkerne

1 EL Mohnsamen

80 ml Pflanzen- oder Sonnenblumenöl

1 TL Fenchelsamen

3 grüne Kardamomkapseln

5 Gewürznelken

1 Zimtstange

1 große Zwiebel, in dünne Streifen geschnitten

1 EL fein geriebener Ingwer

1 EL zerstoßener Knoblauch

1 TL gemahlene Kurkuma

2 TL rotes Chilipulver

1 EL gemahlener Koriander

2 Tomaten, gewürfelt

500 g ausgelöste Lammkeule, in 4 cm große Würfel geschnitten

500 g ausgelöste Lammschulter, in 4 cm große Würfel geschnitten

1 TL frisch gemahlener schwarzer Pfeffer

Saft von 1 Limette

1 Bund Koriandergrün, grob gehackt

FÜR 4–6 PERSONEN ALS TEIL EINER GEMEINSCHAFTLICHEN TAFEL

Kokosraspel, Cashewkerne und Mohnsamen 20 Minuten in 170 ml Wasser einweichen und im Mixer zu einer feinen Paste zermahlen – eventuell portionsweise vorgehen. Für das Endresultat entscheidend ist, dass die Paste ganz fein und glatt wird.

In einem großen Schmortopf mit dickem Boden das Öl mäßig bis stark erhitzen. Fenchel, Kardamom, Nelken und Zimt hineingeben und 2 Minuten anrösten, bis die Gewürze duften und etwas Farbe angenommen haben. Die Zwiebeln zugeben und etwa 8 Minuten bräunen. Ingwer und Knoblauch unterrühren und weitere 2 Minuten anbraten.

Kurkuma, Chilipulver und gemahlenen Koriander mit 2 EL Wasser zu einer Paste verrühren, zu den anderen Zutaten in den Topf gießen und weitere 5 Minuten garen, bis sich das Öl absetzt; nach und nach 3 EL Wasser zugeben.

Die Tomaten und 3 weitere EL Wasser untermengen, den Deckel auflegen und 5 Minuten garen, bis die Tomaten zerfallen. Die Mischung salzen, das Lammfleisch hineingeben und zugedeckt von allen Seiten angehen lassen.

Sobald das Fleisch Saft zieht, 750 ml Wasser zugießen und zugedeckt bei starker Hitze etwa 30 Minuten schmoren.

Die Kokos-Cashew-Paste einrühren, den Deckel wieder auflegen und weitere 20 Minuten garen, bis das Fleisch zart ist. Den Pfeffer unterrühren.

Wenn das Fleisch gar ist, den Limettensaft und das Koriandergrün unterrühren. Vom Herd nehmen und vor dem Servieren noch 5 Minuten ziehen lassen.

wurstcurry nach Art von Goa

Ich probierte dieses Curry zum ersten Mal vor vielen Jahren bei meinem Freund Noel Rodriguez. Er stammt aus Goa, einstige portugiesische Kolonie. Die traditionell für dieses Gericht verwendete Wurst ist eine Verwandte der spanischen Chorizo. Sie wurde jedoch dem örtlichen Gewürzbord angepasst und ist darum viel pikanter. Die Kartoffeln sind die ideale Ergänzung für die scharfen Chilis.

3 EL Pflanzen- oder Sonnenblumenöl

½ TL Kreuzkümmelsamen

1 große Zwiebel, in Streifen geschnitten

1 EL fein geriebener Ingwer

2 TL zerstoßener Knoblauch

½ TL gemahlene Kurkuma

1 TL rotes Chilipulver

2 TL gemahlener Koriander

1 Tomate, gewürfelt

1 EL Malzessig

4 kleine neue Kartoffeln, mit Schale in 2 cm dicke Stücke geschnitten

600 g frische scharfe Schweinswurst (z.B. Chorizo), Pelle abgezogen, Brät in 2 cm dicke Scheiben geschnitten

fein gehacktes Koriandergrün zum Garnieren

FÜR 4–6 PERSONEN ALS TEIL EINER GEMEINSCHAFTLICHEN TAFEL

Das Öl in einer Pfanne mit dickem Boden mittelstark erhitzen und die Kreuzkümmelsamen darin 1 Minuten rösten.

Die Zwiebeln zugeben und bei geringer bis mittlerer Temperatur etwa 5 Minuten anschwitzen, bis sie glasig sind; nicht bräunen.

Ingwer und Knoblauch hinzufügen und ebenfalls 1 Minute angehen lassen.

Kurkuma, Kreuzkümmel, Chilipulver, gemahlenen Koriander und die Tomate zugeben und 5–7 Minuten garen; 1–2 EL Wasser untermengen, damit die Gewürze nicht ansetzen oder verbrennen.

375 ml Wasser, den Essig, die Kartoffeln und die Wurst zugeben und 10–15 Minuten köcheln lassen, bis Kartoffeln und Wurst gar sind. Abschmecken, mit Koriandergrün garnieren und servieren.

Enten-Mappas

Entencurry nach Art von Kerala

Dieses Curry wird im »Aki's« häufig bestellt. Es ist ungemein aromatisch, leicht und hat eine Spur Süße durch das Kokos und die Schalotten. Man benötigt für die Zubereitung kaum Öl, da die Entenbrüste quasi im eigenen Fett garen. Ente ist in Indien kein besonders populäres Fleisch, doch die Keraliten lieben dieses Gericht.

6 Entenbrüste mit Haut und Flügelknochen (siehe Tipp)

2 TL Chilipulver

2 TL fein geriebener Ingwer

50 ml Kokosöl

4 grüne Kardamomkapseln

6 Gewürznelken

1 Zimtstange

2 lange grüne Chilis, schräg in dünne Ringe geschnitten

2 Zweige Curryblätter

12 Schalotten, gehackt

5 cm frischer Ingwer, in feine Streifen geschnitten

250 ml Kokosmilch

80 ml Kokoscreme

Iddiappam zum Servieren (siehe Seite 184)

FÜR 6 PERSONEN ALS TEIL EINER GEMEINSCHAFTLICHEN TAFEL

Den Ofen auf 160 °C vorheizen und ein Blech einschieben.

Die Haut der Entenbrüste mit einem Messer mehrfach einritzen, Haut und Fleisch rundherum mit dem Chilipulver, Ingwer und etwas Salz einreiben und 30 Minuten im Kühlschrank marinieren.

Eine große Pfanne mit dickem Boden stark erhitzen, 1 EL Kokosöl hineingeben und die Entenbrüste zuerst von der Hautseite etwa 3 Minuten anbraten (in zwei Durchgängen zu 3 Stück). Umdrehen und von der anderen Seite anbraten – aber nicht zu lange, es geht nur darum, die Poren zu schließen. Die Entenbrüste auf das vorgeheizte Blech legen und 20 Minuten im Ofen braten. Herausnehmen und beiseitelegen. Den ausgetretenen Fleischsaft entfetten, er wird noch für die Sauce gebraucht.

Das restliche Kokosöl in einer großen Pfanne mäßig stark erhitzen. Kardamom, Nelken, Zimt, grüne Chilis und Curryblätter hineingeben und nur wenige Sekunden rösten. Die Hitze herunterstellen, die Schalotten zugeben und 5 Minuten anschwitzen, ohne zu bräunen.

Ingwer, Kokosmilch, den Bratensaft der Ente und 125 ml Wasser zugeben, die Entenbrüste einlegen und zugedeckt auf kleiner Flamme 15 Minuten garen, bis das Fleisch fast durch ist.

Die Kokoscreme unterrühren und ohne Deckel noch einmal 5 Minuten erhitzen. Die Entenbrüste herausnehmen, in dicke Scheiben schneiden und wieder in die Sauce legen. Mit Iddiappam servieren.

Tipp: Falls Sie keine Entenbrüste mit Flügeln finden, greifen Sie zu gewöhnlichen Entenbrustfilets. Durch behutsames Braten bei geringer Hitze bleiben sie zart und saftig.

tandoori chooza

Tandoori-Hähnchen

1 junges Hähnchen von 1 kg

½ TL gemahlene Kurkuma

1 TL rotes Chilipulver

1 EL fein geriebener Ingwer

2 TL zerstoßener Knoblauch

3 EL Malzessig

3 EL griechischer Joghurt (Vollfettstufe)

3 EL Senföl (siehe Glossar)

2 EL zerlassene Butter oder Ghee

Joghurtsauce mit Minze (siehe Seite 212) zum Servieren

GARAM MASALA

1 TL geriebene Muskatnuss

1 TL gemahlene Muskatblüte

½ TL gemahlener Kardamom

½ TL Nelkenpulver

½ TL gemahlener Sternanis

2 TL gemahlener Kreuzkümmel

FÜR 2–3 PERSONEN ALS TEIL EINER GEMEINSCHAFTLICHEN TAFEL

Das Hähnchen mit der Brust nach unten auf die Arbeitsfläche legen und mit einer Küchenschere das Rückgrat heraustrennen. Das Geflügel aufklappen, umdrehen und kräftig nach unten drücken, bis das Brustbein bricht und der Vogel flach ausgebreitet auf der Arbeitsfläche liegt (bitten Sie eventuell Ihren Metzger darum). Die Haut abziehen und die Brust einige Male einritzen. In einer Schüssel Kurkuma, Chilipulver, Ingwer, Knoblauch, Essig und ½ TL Salz vermengen. Das Hähnchen rundherum mit der Mischung einreiben und mindestens 3 Stunden im Kühlschrank marinieren.

Sämtliche Zutaten für das Garam Masala in einer kleinen Schüssel vermengen.

In einer weiteren Schüssel den Joghurt glatt rühren, das Garam Masala, eine Prise Salz und das Senföl zugeben und sorgfältig unterziehen. Das Hähnchen von allen Seiten mit der Mischung bedecken und für weitere 3 Stunden kalt stellen.

Das Geflügel 20 Minuten vor der Zubereitung aus dem Kühlschrank nehmen, damit es sich auf Raumtemperatur erwärmt.

Einen Holzkohle- oder den Backofengrill vorheizen. Zur leichteren Handhabung das Hähnchen von der Innenseite über Kreuz mit zwei Metallspießen durchstechen. Mit der Brustseite zur Glut auf den Grill legen und 10–12 Minuten grillen oder bis das Fleisch gar ist. Unter dem Backofengrill dauert es etwas länger. Zur Garprobe eine Keule an der dicksten Stelle mit einem Metallspieß einstechen – der austretende Saft sollte klar sein.

Das Hähnchen vom Grill nehmen und 5 Minuten ruhen lassen. In Stücke schneiden, mit Butter oder Ghee bestreichen und mit der Joghurtsauce servieren.

Kundan Kaliyan

Goldenes Lammcurry

Traditionell enthielt dieses Gericht der Nawabs essbare Goldblättchen. Kundan bedeutet »Gold« und Kaliyan »Fleischstreifen«. Die Nawabs (frühere Abgesandte des Mogulkaisers) kauten nicht so gern auf ganzen Gewürzen herum, daher wird es in zwei Phasen zubereitet. Erst wird das Fleisch mit den ganzen Gewürzen gegart, dann gießt man die Sauce durch ein Sieb, damit sie glatt und sämig wird. Kurkuma und gelbes Chilipulver (Lakhnau im Norden ist berühmt dafür) unterstreichen die schöne goldgelbe Farbe des Gerichts.

ERSTE PHASE

3 EL Pflanzen- oder Sonnenblumenöl

2 rote Zwiebeln, in Streifen geschnitten

8 grüne Kardamomkapseln

2 Stückchen Muskatblüte

125 g dicker Joghurt (Vollfettstufe)

1½ EL fein geriebener Ingwer

1 EL zerstoßener Knoblauch

1½ TL gemahlene Kurkuma

1 TL gelbes Chilipulver (siehe Glossar) oder rotes Chilipulver

4 Lammhaxen, in 2 cm dicke Scheiben geschnitten (bitten Sie den Metzger um Hilfe)

2 kleine grüne Chilis

ZWEITE PHASE

100 g Cashewkerne

3 EL Ghee (siehe Glossar)

5 kleine grüne Chilis, in Ringe geschnitten

1 TL Kaschmir-Chilipulver (siehe Glossar)

1 Prise gemahlener Kardamom

6 Tropfen Kewra-Wasser (siehe Glossar)

5 Safranfäden

3 EL Sahne

FÜR 4–6 PERSONEN ALS TEIL EINER GEMEINSCHAFTLICHEN TAFEL

Erste Phase: das Öl in einem Schmortopf mit dickem Boden auf mittlerer Stufe erhitzen, Zwiebeln, Kardamom und Muskatblüte zugeben und in 6–8 Minuten goldbraun anbraten.

Den Herd auf ganz niedrige Stufe stellen, nach und nach den Joghurt hineingeben und dabei beständig schlagen, damit er nicht ausflockt (siehe Tipp).

Den Ingwer und den Knoblauch hinzufügen, nach 1 weiteren Minute Kurkuma, Chilipulver, das Lammfleisch, die Chilis und 2 Liter Wasser zugeben und zugedeckt 1 Stunde garen, bis das Fleisch zart ist.

Das Fleisch aus der Sauce heben und warm stellen. Die Sauce durch ein feines Sieb in eine Schüssel streichen, die festen Rückstände im Sieb wegwerfen. Die Sauce warm stellen.

Zweite Phase: Während das Lamm gart, die Cashewkerne 1 Stunde in 500 ml heißem Wasser einweichen. Abgießen und abspülen. Die Hälfte der Nüsse mit 125 ml Wasser im Mixer zu einer sehr cremigen Paste zermahlen – etwa wie Erdnussbutter. Für das Endresultat ist es ganz wichtig, dass sie wirklich ganz fein und glatt ist. Die andere Hälfte mit weiteren 125 ml Wasser in gleicher Weise zermahlen. Beiseitestellen.

In einem Topf mit dickem Boden das Ghee auf kleiner Flamme erhitzen und die Cashewpaste 3 Minuten anrösten; ständig umrühren, da sie leicht ansetzt, und unbedingt mit sehr geringer Temperatur arbeiten, damit die Paste nicht verbrennt.

Das Lammfleisch, die passierte Sauce sowie Chiliringe, Kaschmir-Chilipulver, Kardamom, Kewra-Wasser, Safran und die Sahne zugeben und noch einmal gründlich verrühren. Sofort servieren.

tipp: Der Joghurt muss bei ganz geringer Temperatur zugegeben werden, sonst gerinnt er.

Kola Urundai Kurma

Lammbällchen in Kokos-Curry-Sauce

65 g Kokosraspel

1 EL Mohnsamen

80 ml Pflanzen- oder Sonnenblumenöl

3 grüne Kardamomkapseln

5 Gewürznelken

1 Zimtstange

1 Lorbeerblatt

1 große Zwiebel, in Streifen geschnitten

1 EL fein geriebener Ingwer

1 EL zerstoßener Knoblauch

1 TL gemahlene Kurkuma

2 TL rotes Chilipulver

1 EL gemahlener Koriander

2 Tomaten, grob gewürfelt

100 g dicker Joghurt (Vollfettstufe), verschlagen

Koriandergrün zum Garnieren

frittierte Zwiebelringe zum Garnieren

FLEISCHBÄLLCHEN

800 g mageres Lammhack

3 kleine grüne Chilis, gehackt

½ Bund Koriandergrün, grob gehackt

½ Bund Minze, grob gehackt

2 EL Cashewnüsse, grob gehackt

2 TL fein geriebener Ingwer

½ TL gemahlene Kurkuma

30 ml Limettensaft

1 Ei

FÜR 4–6 PERSONEN ALS TEIL EINER GEMEINSCHAFTLICHEN TAFEL

Die Kokosraspel und die Mohnsamen in 250 ml Wasser 20 Minuten einweichen.

Inzwischen sämtliche Zutaten für die Fleischbällchen in einer Schüssel gründlich vermengen und aus der Masse etwa 20 Fleischbällchen formen.

Die Kokos-Mohn-Mischung samt Einweichwasser in der Küchenmaschine zu einer feinen Paste zermahlen – eventuell müssen Sie portionsweise vorgehen (siehe Tipp). Beiseitestellen.

In einem mittelgroßen Topf das Öl bei mittlerer Temperatur erhitzen, Kardamom, Nelken, Zimt, Lorbeer und Zwiebeln hineingeben und 6–8 Minuten anbraten, bis die Zwiebeln gebräunt sind. Ingwer und Knoblauch unterrühren und 2 weitere Minuten Farbe annehmen lassen.

Kurkuma, Chilipulver und gemahlenen Koriander mit 3 EL Wasser zu einer Paste verrühren, mit den Tomaten zu den anderen Zutaten in den Topf geben und 5 Minuten garen.

Die Temperatur auf niedrige Stufe stellen, den verschlagenen Joghurt, die Kokospaste und 250 ml Wasser zugeben und 5 Minuten sanft garen; achtgeben, dass der Joghurt nicht gerinnt (siehe Tipp). Kräftig salzen.

Die Fleischbällchen unter die Sauce mengen, nach und nach 250 ml Wasser zugießen und zugedeckt auf kleiner Stufe 20–25 Minuten köcheln lassen, bis die Fleischbällchen gar sind. Sie sollten stets mit Sauce bedeckt sein. Bei Bedarf noch etwas Wasser zugeben. Mit Koriandergrün und frittierten Zwiebelringen garnieren und servieren.

tipp: Entscheidend ist, dass das Kokos mit dem Wasser ganz fein zermahlen wird, da es zur Bindung der Sauce dient. Ist es zu grob, wird die Sauce nicht sämig und flockt aus.

Der Joghurt muss bei sehr geringer Temperatur zugegeben werden, sonst gerinnt er.

Gebratenes Fisch-Masala

1 ganzer Snapper von 500–600 g (oder 2–3 kleinere), geschuppt und ausgenommen (siehe Tipp)

Saft von 2 Limetten

3 EL feines Reismehl

2 EL Pflanzenöl

gebratene Curryblätter zum Garnieren

schwarzes Salz zum Garnieren (nach Belieben)

MASALA-PASTE

2 EL Kaschmir-Chilipulver (siehe Glossar)

2 TL Paprika edelsüß

2 TL gemahlener Kreuzkümmel

1 TL gemahlener schwarzer Pfeffer

½ TL gemahlene Kurkuma

1 EL fein geriebener Ingwer

2 TL zerstoßener Knoblauch

100 ml raffiniertes Sesamöl (siehe Glossar)

FÜR 2 PERSONEN

Den Ofen auf 170 °C vorheizen.

Den Snapper gründlich waschen und abtrocknen. Von beiden Seiten einige Male kreuzweise einschneiden, sodass ein Karomuster entsteht und das Masala besser eindringen kann. Den Fisch mit dem Limettensaft übergießen und 10 Minuten darin marinieren.

In einer Schüssel sämtliche Zutaten für das Masala sorgfältig verrühren (kein Wasser zugeben).

Den Fisch rundherum mit der Masala-Paste einreiben und mit dem Reismehl bestauben.

Das Öl in einer ofenfesten Pfanne mit dickem Boden schwach bis mäßig erhitzen (siehe Tipp). Den Fisch einlegen und von jeder Seite 2 Minuten anbraten.

Die Pfanne in den Ofen schieben und den Fisch weitere 8 Minuten braten, bis er eben gar ist. In große Stücke schneiden, mit gebratenen Curryblättern und schwarzem Salz (falls verwendet) garnieren und servieren.

Tipp: Traditionell verwendet man für dieses Gericht Brachsenmakrele (Pomfret), die man hin und wieder beim Fischhändler findet. Es gelingt aber auch mit jedem anderen festfleischigen Fisch.

Wird der Fisch bei zu starker Hitze gebraten, verbrennen das Reismehl und das Chilipulver.

kori gazi

Hähnchencurry nach Art von Mangalore

Frau Shetty, eine Freundin der Familie aus Mangalore, besuchte uns in Sydney und hatte offenbar Freude an meiner Küche. Als Dank dafür verriet sie mir das Familienrezept für dieses Hähnchencurry. Das Besondere daran ist, dass die Gewürze einzeln geröstet werden. Es gibt dieses Gericht in vielen kommerziellen Versionen, doch diese ist ihre ganz persönliche hausgemachte Spezialität.

1½ EL Koriandersamen
½ TL schwarze Pfefferkörner
¼ Bockshornkleesamen
1 TL Kreuzkümmelsamen
¼ TL Chiliflocken
100 g Kokosraspel
¼ TL gemahlene Kurkuma
80 ml Pflanzen- oder Sonnenblumenöl
10 Knoblauchzehen, in Scheibchen geschnitten
3 Zwiebeln, in Streifen geschnitten
2 EL Tamarindenmark (siehe Glossar)
80 ml Kokosmilch
1 kg ausgelöste Hähnchenschenkel ohne Haut, gewürfelt
30 g Ghee (siehe Glossar)
10 Curryblätter

FÜR 6–8 PERSONEN ALS TEIL EINER GEMEINSCHAFTLICHEN TAFEL

Eine Pfanne auf mittlerer Stufe erhitzen, die Koriandersamen hineingeben und unter Rühren anrösten, bis sie aromatisch duften. In eine Schale umfüllen und beiseitestellen. In gleicher Weise Pfefferkörner, Bockshornklee, Kreuzkümmel und Chiliflocken einzeln rösten.

In derselben Pfanne die Kokosraspel goldgelb rösten und mit den gerösteten Gewürzen, der Kurkuma und je nach Bedarf 125–250 ml Wasser in der Küchenmaschine zu einer feinen Paste zermahlen – portionsweise arbeiten, damit die Masse wirklich ganz fein wird, darauf kommt es besonders an.

Das Öl in einem Schmortopf mit dickem Boden auf mittlerer Stufe erhitzen, den Knoblauch hineingeben (1 TL für später reservieren) und 1 Minute anschwitzen. Die Zwiebeln hinzufügen und 10 Minuten goldbraun anbraten.

Die Kokos-Gewürz-Paste, das Tamarindenmark und die Kokosmilch einrühren, das Hähnchenfleisch zugeben und zugedeckt bei geringer Hitze 20–25 Minuten garen. Gelegentlich umrühren.

Zum Fertigstellen das Ghee in einer kleinen Pfanne bei schwacher Hitze zerlassen, den restlichen Knoblauch und die Curryblätter zugeben und 30 Sekunden Farbe annehmen lassen. Die Mischung über das Hähnchencurry gießen, abschmecken und sofort servieren.

Tabak Maaz

In Milch gegarte, knusprig gebratene Lammrippchen

Bei einem meiner Besuche in Delhi kam ich in einem Imbiss namens »Ahad Sons« in den Genuss dieses fantastischen Gerichts aus Kaschmir. Es war ein einfacher Takeaway, der einige der erstaunlichsten Spezialitäten aus Kaschmir bot – einzigartig in ganz Delhi. Die Küche Kaschmirs ist neben der populären indischen Küche relativ unbekannt geblieben, dabei bietet sie ausgesprochen schmackhafte Gerichte mit ungewöhnlichen Zutaten und ausgefeilten Zubereitungstechniken. »Tabak Maaz« ist eine Spezialität, die im Rahmen festlicher »wazwans« (vielgängige Bankette) serviert wird.

500 ml Milch

12 Lammrippchen
(4 Stücke à 3 Rippchen)

1 TL Anissamen

2 TL gemahlener Ingwer

½ TL gemahlene Kurkuma

6 Gewürznelken

2 Lorbeerblätter

½ TL schwarze Kreuzkümmelsamen
(siehe Glossar)

2 schwarze Kardamomkapseln

Ghee zum Braten (siehe Glossar)

½ TL Amchur
(Mangopulver; siehe Glossar)

½ TL Kaschmir-Chilipulver
(siehe Glossar)

¼ TL Kaschmir-Garam-Masala
(siehe Glossar)

Indian Pickled Onions
(eingelegte Zwiebeln; Fertigprodukt)
und Paratha (siehe Glossar),
zum Servieren

FÜR 4 PERSONEN ALS SNACK ODER VORSPEISE

Milch, Lammrippchen, Anissamen, Ingwer, Kurkuma, Nelken, Lorbeer, Kreuzkümmel und Kardamom in einem Topf mit dickem Boden vermengen und zum Kochen bringen. Die Temperatur herunterstellen und ohne Deckel etwa 20 Minuten köcheln lassen, bis die Milch nahezu verdampft und das Fleisch gar ist. Aufpassen, dass die Milch nicht anbrennt; bei Bedarf noch 125 ml Wasser zugießen.

Die Rippchen ganz abkühlen lassen und von anhaftenden ganzen Gewürzen befreien.

In einer großen Pfanne mit hohem Rand etwas Ghee mäßig stark erhitzen, die Rippchen einlegen und rundherum knusprig braten. Sie sollen am Ende außen kross und innen zart und saftig ein.

Amchur, Chilipulver und Garam Masala vermengen und über die Rippchen streuen. Heiß mit Pickled Onions und Paratha servieren.

arikadukka

Gefüllte Grünschalmuscheln

Ich aß diese Grünschalmuscheln einmal in Thalassery (Tellicherry), einer Küstenstadt im Norden Keralas. Mich faszinierte die Technik, die Muscheln erst zu dämpfen und anschließend noch zu braten.

180 g frisch geriebenes Kokosmark (siehe Glossar)

¾ TL Kreuzkümmelsamen

¾ TL Anissamen

2 grüne Kardamomkapseln

360 g weißes Iddiappam-Mehl (siehe Glossar)

Pflanzen- oder Sonnenblumenöl zum Braten

9 Schalotten, gehackt

25 Grünschalmuscheln

½ TL Garam Masala

½ TL rotes Chilipulver

gebratene Curryblätter zum Garnieren

FÜR 6 PERSONEN ALS TEIL EINER GEMEINSCHAFTLICHEN TAFEL

Kokosmark, Kreuzkümmel, Anis und Kardamom in der Gewürzmühle fein zermahlen.

In einem Topf 375 ml Wasser zum Kochen bringen, das Iddiappam-Mehl hineingeben und zu einem dicken Teig verrühren. Die Kokosmischung untermengen und weitere 2 Minuten garen. Vom Herd nehmen und abkühlen lassen. Die Masse sollte sich wie weicher Gnocchi-Teig anfühlen.

In einer kleinen Pfanne 1 EL Öl auf mittlerer Stufe erhitzen und die Schalotten leicht bräunen. Auf Küchenpapier abtropfen lassen und unter den Teig ziehen. Beiseitestellen.

Die Muscheln sorgfältig abbürsten und von etwaigen Bärten befreien. Zerbrochene und geöffnete Muscheln, die sich auf Klopfen nicht schließen, wegwerfen. Einen Topf etwa 5 cm hoch mit Wasser füllen, das Wasser zum Kochen bringen und die Muscheln darin zugedeckt nur kurz dämpfen, bis sie sich geöffnet haben. Abtropfen und etwas abkühlen lassen. Sobald man sie anfassen kann, die Muscheln ganz öffnen (ungeöffnete Muscheln ebenfalls wegwerfen), die Schalen jedoch nicht trennen. Vorsichtig das Fleisch herauslösen, die Muschelschalen beiseitelegen. Die Muscheln mit etwas Teig umhüllen und wieder in ihre Schalen legen; überschüssigen Teig entfernen.

Einen Metall- oder Bambusdämpfkorb mit Backpapier auslegen, damit die Muscheln nicht ankleben. Die Muscheln nebeneinander hineinlegen, mit einem Deckel gut zudecken und in einem Topf oder Wok über siedendem Wasser 20 Minuten dämpfen. Herunternehmen und abkühlen lassen. Der Teig bildet jetzt eine feste Hülle. Die Muscheln in ihrem Teigmantel aus den Schalen nehmen.

In eine Pfanne mit hohem Rand einen Fingerbreit hoch Öl gießen und mäßig stark erhitzen. Die Muscheln hineingeben und rundherum goldbraun braten. Herausheben, auf Küchenpapier abtropfen und mit Garam Masala und Chilipulver bestreuen. Mit den Curryblättern garnieren und servieren.

scampi ajadhina

In der Pfanne gegrillte Scampi

8 ungeschälte Kaisergranate (Scampi)

1 TL gemahlene Kurkuma

Saft von 1 Limette

3 EL Pflanzen- oder Sonnenblumenöl

Einige Tropfen Curryöl
(siehe Seite 188)

GEWÜRZMISCHUNG

50 g Kokosraspel

2 Knoblauchzehen, grob gehackt

2 getrocknete rote Chilis

2 TL Kaschmir-Chilipulver
(siehe Glossar)

2 TL Koriandersamen

½ TL Ajowan-Samen (siehe Glossar)

¼ TL Kreuzkümmelsamen

¼ TL gemahlene Kurkuma

2 TL Tamarindenmark
(siehe Glossar)

FÜR 4 PERSONEN ALS VORSPEISE

Den Ofen auf 180 °C vorheizen.

Für die Gewürzmischung eine Pfanne mäßig bis stark erhitzen, sämtliche Zutaten außer dem Tamarindenmark hineingeben und etwa 1 Minute leicht anrösten. Die Pfanne dabei regelmäßig rütteln. Mit dem Tamarindenmark und etwas Salz in der Küchenmaschine grob zermahlen (siehe Tipp).

Sehr lange Beine der Scampi mit einem scharfen Messer abschneiden. Die Schwänze durch die Schale vorsichtig der Länge nach spalten und den schwarzen Darm entfernen. Die Scampi mit der Kurkuma und 2 TL Limettensaft einreiben.

In einer ofenfesten Pfanne 2 EL Öl erhitzen, die Scampi mit der Fleischseite nach unten einlegen und 30 Sekunden anbraten.

Die Scampi umdrehen und mit dem restlichen Öl beträufeln. Etwa die Hälfte der Gewürzmischung über die Scampi streuen, die Pfanne sofort in den Ofen schieben und die Scampi weitere 5–7 Minuten braten.

Die Scampi mit dem Curryöl und dem restlichen Limettensaft beträufeln und heiß servieren.

tipp: Sie können die Gewürzmischung in einem luftdicht verschlossenen Glas bis zu 1 Woche im Kühlschrank aufbewahren. Verwenden Sie den Rest als Einreibe für Fisch.

tok jhol

Fischcurry mit Tamarinde

1 TL gemahlene Kurkuma

1 EL Pflanzen- oder Sonnenblumenöl

400 g Hornhecht, Hornschnäbel entfernt (den Fischhändler um Hilfe bitten), in mundgerechte Stücke geschnitten

4 kleine grüne Chilis, grob gehackt

3 EL Tamarindenmark (siehe Glossar)

½ TL geriebener Palmzucker (Jaggery) oder brauner Zucker

TADKA

2 TL Senföl (siehe Glossar)

2 TL Panch Phoron Masala (siehe Glossar)

1 ½ EL Kichererbsenmehl (Besan)

FÜR 3–4 PERSONEN ALS TEIL EINER GEMEINSCHAFTLICHEN TAFEL

In einer Schale ½ TL Salz, ½ TL Kurkuma und 1 TL Öl vermengen. Die Fischstücke rundherum mit der Mischung einreiben und 30 Minuten marinieren.

Die Chilis im Mixer oder in der Gewürzmühle grob zermahlen.

Für das *tadka* (siehe Glossar) das Senföl in einer kleinen Pfanne kräftig erhitzen. Sobald es leicht zu rauchen beginnt, das Panch Phoron Masala hineingeben und anrösten. Das Kichererbsenmehl einstreuen, weitere 10 Sekunden rösten und von der Kochstelle nehmen.

In einer großen Schüssel 1 TL Öl, die restliche Kurkuma, das Tamarindenmark, den Palmzucker, die zermahlenen grünen Chilis und 1 Prise Salz vermengen. Den Fisch und das *tadka* zugeben und alles gründlich durchmischen.

Das restliche Öl in einer Pfanne auf mittlerer Stufe erhitzen. Die Fischstücke samt Gewürzen hineingeben, 125 ml Wasser zugießen und zugedeckt etwa 5 Minuten köcheln lassen, bis der Fisch gar ist; bei Bedarf noch etwas Wasser zugießen. Die Sauce sollte die Konsistenz einer dicken Bratensauce haben. Ist sie zu dünn, den Fisch herausnehmen und die Sauce unbedeckt 1–2 Minuten einkochen. Abschmecken und servieren.

nalli gosht patiala

Lammhaxen-Patiala

90 ml Pflanzen- oder Sonnenblumenöl

3 schwarze Kardamomkapseln

6 grüne Kardamomkapseln

2,5 cm Zimtstange

1 TL schwarze Kreuzkümmelsamen

8 Gewürznelken

2 Zwiebeln, in Streifen geschnitten

1 EL fein geriebener Ingwer

1 EL zerstoßener Knoblauch

½ TL gemahlene Kurkuma

2 TL rotes Chilipulver

1½ EL gemahlener Koriander

4–6 Lammhaxen, in 2 cm dicke Scheiben geschnitten
(bitten Sie den Metzger um Hilfe)

125 g Tomatenmark

¼ TL gemahlene Muskatblüte

¼ TL geriebene Muskatnuss

2 EL grob gehacktes Koriandergrün

Paratha oder Roti (siehe Glossar) zum Servieren

FÜR 6 PERSONEN ALS TEIL EINER GEMEINSCHAFTLICHEN TAFEL

Das Öl in einem großen Schmortopf mit dickem Boden mäßig stark erhitzen, Kardamom, Zimt, Kreuzkümmel und Nelken hineingeben und 1–2 Minuten anrösten, bis die Gewürze aromatisch duften. Die Zwiebeln zugeben und 5 Minuten goldgelb anschwitzen. Ingwer und Knoblauch unterrühren und weitere 2 Minuten angehen lassen. Falls nötig, 1 EL Wasser zugeben, damit die Mischung nicht anbrennt. Kurkuma, Chilipulver und gemahlenen Koriander hineinstreuen und weitere 2 Minuten garen.

Die Lammhaxen einlegen, von allen Seiten in der Würzmischung wenden und 2 Minuten anbraten.

Das Tomatenmark und 1 l Wasser zugeben, den Deckel auflegen und bei geringer Hitze 1–1½ Stunden schmoren. Dickt die Sauce zu schnell ein, noch etwas Wasser zugeben. Das Fleisch sollte am Ende förmlich vom Knochen fallen. Muskatblüte und -nuss unterrühren, mit Salz abschmecken und vom Herd nehmen. Mit gehacktem Koriandergrün garnieren und mit Paratha oder Roti servieren.

Nandu Milagu Masala

Kokos-Chili-Krabbe

1 lebende Mangrovenkrabbe
(oder 1 Taschenkrebs) von 1 kg

2 EL Pflanzen- oder Sonnenblumenöl

1 große Zwiebel,
in Streifen geschnitten

2 getrocknete Kaschmir-Chilis
(siehe Glossar)

2 TL fein geriebener Ingwer

2 TL zerstoßener Knoblauch

1 Tomate, gewürfelt

3 EL Kokoscreme

Curryblätter zum Garnieren
(nach Belieben)

MASALA-PASTE

150 g frisch geriebenes Kokosmark
(siehe Glossar) oder Kokosraspel

6 getrocknete Kaschmir-Chilis
(siehe Glossar)
oder 1½ EL scharfer Paprika

1 TL schwarze Pfefferkörner

1 EL Koriandersamen

2 TL Kreuzkümmelsamen

1 TL gemahlene Kurkuma

FÜR 4 PERSONEN ALS TEIL EINER GEMEINSCHAFTLICHEN TAFEL

Die lebende Krabbe kopfüber in einen Topf mit sprudelnd kochendem Wasser tauchen, sie stirbt innerhalb weniger Sekunden. Herausheben und kalt abschrecken. Den Rückenpanzer der Krabbe abziehen. Die weichen Kiemen an der Seite des Krabbenkörpers entfernen und wegwerfen. Den Körper samt Beinen mit einem Fleischbeil oder einem schweren Küchenmesser in vier Teile teilen. Die Scheren abtrennen und mit dem Messerrücken aufbrechen.

Sämtliche Zutaten für die Masala-Paste in der Küchenmaschine oder einer Gewürzmühle fein zermahlen. Die Hälfte vorerst beiseitestellen. Den Rest im Mixer mit 3 EL Wasser zu einer ganz feinen Paste verarbeiten und herausnehmen. Dann die andere Hälfte der Gewürze in gleicher Weise fein zermahlen.

Das Öl in einem großen Topf mit dickem Boden auf mittlerer Stufe erhitzen. Zwiebeln und Chilis darin 5 Minuten anbraten. Ingwer und Knoblauch zugeben, nach 2 weiteren Minuten die Masala-Paste einrühren und alles noch einmal 2 Minuten Farbe annehmen lassen.

500 ml Wasser und die Tomate zugeben und auf kleiner Flamme 15 Minuten köcheln lassen; kurz vor Ende der Zeit die Kokoscreme unterrühren.

Die Krabbenscheren in die Sauce legen und 5 Minuten garen, dann die restlichen Krabbenstücke sowie etwas Wasser, falls nötig, hinzufügen und zugedeckt weitere etwa 3 Minuten ziehen lassen, bis die Krabbe gar ist. Nach Belieben mit Curryblättern garnieren und servieren.

Kakori Kebabs

Lammhack-Kebabs

Für die Herrschenden begann der Tag mit diesen Kebabs. Sie sollten ihnen die nötige Energie für den Tag geben. Das Fleisch wird mehrere Male durchgelassen, bis es von ganz feiner Konsistenz ist und gegart eher an eine Pâté erinnert. Wegen des hohen Fettgehalts muss es sich im Kühlschrank erst etwas verfestigen, bevor man es auf Spieße stecken und grillen kann.

3 EL Kichererbsenmehl (Besan)

1 TL gelbes Chilipulver (siehe Glossar)

½ TL gemahlene Muskatblüte

1 TL gemahlener Kardamom

½ TL gemahlener weißer Pfeffer

1 kg feines Lammhack (zweimal durchgelassen)

270 g Ghee (siehe Glossar)

1½ EL fein geriebener Ingwer

1 EL zerstoßener Knoblauch

1 TL Garam Masala

Grünes Chutney (siehe Seite 210) zum Servieren

FÜR 10–12 KEBABS ODER 5–6 PERSONEN ALS TEIL EINER GEMEINSCHAFTLICHEN TAFEL

Eine kleine Pfanne mäßig stark erhitzen, das Kichererbsenmehl hineingeben und leicht rösten; die Pfanne regelmäßig rütteln. Chilipulver, Muskatblüte, Kardamom und Pfeffer vermengen und bereitstellen.

In einer großen Schüssel das Lammhack mit Ghee, Ingwer, Knoblauch und Garam Masala sorgfältig verkneten. Je länger man die Masse durcharbeitet, desto heller wird sie. Sorgfältig das geröstete Kichererbsenmehl einarbeiten und die Masse für 1 Stunde in den Kühlschrank stellen, damit sie sich etwas verfestigt.

Die Masse in 10–12 Portionen teilen, mit befeuchteten Händen zu Kebabs formen und auf Metallspieße stecken.

Einen Holzkohle- oder Elektrogrill vorheizen und die Spieße bei mittlerer Temperatur 8–10 Minuten grillen, bis sie rundherum goldbraun und durchgegart sind – die Garzeit hängt vom Abstand zur Glut ab. Mit grünem Chutney servieren.

seafood panch phoron

Meeresfrüchtecurry mit fünf Gewürzen

1 kg reife Eiertomaten

2 EL Sonnenblumenöl

6 getrocknete rote Chilis

1 TL Panch Phoron Masala (siehe Glossar)

1 rote Zwiebel, gewürfelt

½ TL rotes Chilipulver

1 TL fein geriebener Ingwer

1 kg gemischte Meeresfrüchte wie Jakobsmuscheln Garnelen, weißfleischiger Fisch und Tintenfisch

6 Zweige Koriandergrün, grob gehackt

1 EL fein geschnittene Ingwerstreifen

FÜR 6–8 PERSONEN ALS TEIL EINER GEMEINSCHAFTLICHEN TAFEL

Die Tomaten an der Basis kreuzweise einritzen und in eine hitzebeständige Schüssel legen. Mit kochendem Wasser überbrühen, 30 Sekunden ziehen lassen und anschließend kalt abschrecken. Die Tomaten häuten, halbieren und mit einem kleinen Löffel die Kerne herauslösen. Das Fruchtfleisch grob würfeln und beiseitelegen.

In einer Pfanne das Öl mäßig stark erhitzen und die getrockneten Chilis darin anbraten, bis sich ihre Spitzen schwarz färben. Das Panch Phoron Masala hinzufügen und weitere 1–2 Minuten rösten.

Die Zwiebeln zugeben und bei schwacher bis mäßiger Temperatur in 5 Minuten glasig schwitzen, jedoch nicht bräunen. Chilipulver, Ingwer und die Tomaten untermengen und 15 Minuten garen.

Die Meeresfrüchte hineingeben, die Temperaturstufe ein wenig erhöhen und 3 Minuten in der Sauce garen. Mit Koriandergrün und Ingwer garnieren und servieren.

tipp: Die Tomaten unterstreichen die leicht süßliche Note der Meeresfrüchte, während das Panch Phoron Masala für die nötige Balance sorgt.

Snapper-Recheado

Snapper in der Gewürzkruste

2 kleine Snapper, geschuppt und ausgenommen

3 EL Pflanzen- oder Sonnenblumenöl

fein geschnittene rote Zwiebelringe zum Garnieren

Röstzwiebeln zum Garnieren

MASALA-PASTE

6 getrocknete Kaschmir-Chilis (siehe Glossar)

1 Zwiebel, grob gehackt

6 Knoblauchzehen, grob gehackt

5 cm frischer Ingwer, grob gehackt

10 schwarze Pfefferkörner

4 Gewürznelken

2,5 cm Zimtkassie (siehe Glossar)

½ TL Kreuzkümmelsamen

¼ TL gemahlene Kurkuma

80 ml Toddy-Essig (siehe Glossar), Malzessig oder Palmessig (siehe Glossar)

FÜR 4–6 PERSONEN ALS TEIL EINER GEMEINSCHAFTLICHEN TAFEL

Den Ofen auf 180 °C vorheizen.

Sämtliche Zutaten für die Masala-Paste mit etwas Salz im Mixer zu einer glatten Paste zermahlen.

Die Fische gründlich waschen, mit Küchenpapier abtrocknen und von beiden Seiten dreimal schräg einschneiden, damit das Masala besser eindringen kann. Die Snapper dick mit der Masala-Paste einreiben.

Das Öl in einer großen ofenfesten Pfanne mäßig stark erhitzen, die Fische einlegen und von beiden Seiten kurz anbraten. Mit Alufolie zudecken (damit die Kruste nicht verbrennt), in den Ofen schieben und 5 Minuten backen. Die Folie entfernen und weitere 5–10 Minuten braten, bis der Fisch gar ist.

Mit den roten Zwiebelringen und den Röstzwiebeln garnieren, etwas Bratensaft über den Fisch träufeln und servieren.

Jhinge Aloo Posto

Luffa & Kartoffeln

Ranjan Choudhury, mein Küchenchef im »Abhi's«, servierte uns dieses wunderbare Gericht einmal zum Mittagessen bei sich zu Hause. Zwar war es extra für Suba gedacht, die Vegetarierin ist, dennoch konnte ich als »eingefleischter« Karnivore nicht meine Finger davon lassen. Selbst Subas Teller war nicht vor mir sicher! Posto sind weiße Mohnsamen, eine in der bengalischen Küche häufige Zutat.

100 g weiße Mohnsamen (siehe Glossar)

3–4 kleine grüne Chilis, gehackt

500 g junge Luffas (in gut sortierten Asialäden erhältlich)

80 ml Pflanzen- oder Sonnenblumenöl

½ TL Schwarzkümmelsamen (Kalonji; siehe Glossar)

1 Zwiebel, in Streifen geschnitten

2 festkochende Kartoffeln, geschält und in 3 cm große Würfel geschnitten

¼ TL gemahlene Kurkuma

FÜR 6 PERSONEN ALS TEIL EINER GEMEINSCHAFTLICHEN TAFEL

Die Mohnsamen mit 3 EL Wasser verrühren und 20 Minuten weichen lassen. Samt Wasser und zwei Drittel der Chilis im Mixer zu einer feinen Paste zermahlen.

Die Rippen der Luffas und die harte grüne äußere Schicht abschälen, bis die Oberfläche glatt ist. Die Luffas längs halbieren und quer in relativ dicke Halbmonde schneiden. Beiseitelegen.

Das Öl in einem mittelgroßen Topf auf mittlerer Stufe erhitzen und den Schwarzkümmel 30 Sekunden anrösten. Die Zwiebeln zugeben und 3 Minuten anschwitzen.

Die Kartoffeln, die Kurkuma, die restlichen grünen Chilis, die Mohnpaste und 1 EL Wasser zufügen und sorgfältig umrühren, bis die Kartoffeln rundherum mit der Mohnpaste bedeckt sind. 80 ml Wasser zugießen, zugedeckt 8 Minuten garen und regelmäßig umrühren, bis die Kartoffeln halb gar sind.

Die Luffas untermengen und weitere 5–7 Minuten garen; regelmäßig rühren. Mit Salz abschmecken und heiß servieren.

hähnchen chettiyar milagu

Hähnchencurry mit Tomaten & Paprika

Ein köstliches Gericht aus dem südindischen Chettinad, wo Tomaten und Paprikaschoten eine wichtige Rolle spielen, jedoch ohne Kokos. Am besten beherrscht es mein jüngster Koch Vikram Arumugam, der aus der Gegend stammt und seit der Eröffnung des »Aki's« praktisch zum Inventar gehört.

3 EL Pflanzen- oder Sonnenblumenöl

1 TL schwarze Senfsamen

2 getrocknete rote Chilis

¼ TL Bockshornkleesamen

½ TL Kreuzkümmelsamen

1 Zimtstange

2 grüne Kardamomkapseln

4 Gewürznelken

¼ TL Fenchelsamen

1 Zwiebel, in feine Streifen geschnitten

1½ EL fein geriebener Ingwer

1½ EL zerstoßener Knoblauch

1½ TL gemahlene Kurkuma

1 EL rotes Chilipulver

2½ EL gemahlener Koriander

200 g Tomaten, gewürfelt

4 kleine grüne Chilis, längs halbiert

1 kg ausgelöste Hähnchenschenkel, in je 3 Stücke geschnitten

2 TL zerstoßener schwarzer Pfeffer

10 Curryblätter

FÜR 6 PERSONEN ALS TEIL EINER GEMEINSCHAFTLICHEN TAFEL

Das Öl in einem großen Schmortopf mit dickem Boden auf mittlerer Stufe erhitzen und die Senfsamen darin 20 Sekunden anrösten. Rote Chilis, Bockshornklee und Kreuzkümmel zugeben, nach 1 weiteren Minute Zimt, Kardamom, Nelken und Fenchelsamen folgen lassen und noch einmal 1 Minute rösten.

Die Zwiebeln zugeben und in 6–8 Minuten goldbraun anbraten; gelegentlich umrühren. Ingwer, Knoblauch und 1 TL Wasser untermengen und 1 weitere Minute garen.

Kurkuma, Chilipulver und Koriander unterrühren, 1–2 EL Wasser in die Mischung träufeln, damit sie nicht anbrennt, und weitere 2 Minuten Farbe annehmen lassen.

Die Tomaten, die grünen Chilis und das Hähnchenfleisch hineingeben und 5 Minuten anbraten, bis das Fleisch Saft zieht.

375 ml Wasser zugießen, den Deckel auflegen und bei geringer Hitze etwa 20 Minuten schmoren, bis das Hähnchen durchgegart ist. Salzen, falls nötig, und mit dem Pfeffer und den Curryblättern abrunden.

Fisch-Tikka

Gegrillter Schwertfisch

2 TL fein geriebener Ingwer

2 TL zerstoßener Knoblauch

¼ TL gemahlene Kurkuma

½ TL rotes Chilipulver

2 EL Malzessig

¼ TL Garam Masala

2 EL Chana Dal (siehe Glossar), geröstet und fein zermahlen, oder geröstetes Kichererbsenmehl (Besan)

1 kleine Prise Ajowan-Samen (siehe Glossar)

2 EL Senföl (siehe Glossar)

600 g Schwertfischsteak, in 6 Portionen geschnitten

Pflanzen- oder Sonnenblumenöl zum Bestreichen

Grünes Chutney (siehe Seite 210) zum Servieren

FÜR 6 PERSONEN ALS TEIL EINER GEMEINSCHAFTLICHEN TAFEL

Sämtliche Zutaten (außer Fisch, Öl und Chutney) gründlich vermengen. Die Schwertfischsteaks rundherum mit der Mischung einreiben und 30 Minuten marinieren.

Einen Holzkohle- oder Elektrogrill vorheizen. Den Rost oder die Platte leicht mit Öl bestreichen, die Steaks auflegen und 2 Minuten grillen. Umdrehen und von der anderen Seite 2 Minuten grillen oder bis der Fisch auf den Punkt gar ist. Mit einem grünen Chutney servieren.

süß

EINE GLÜCKLICHE FAMILIE IST DER »SÜSSSTOFF« DES ALLTAGS. Unsere Söhne Abhi und Aki, nach denen wir unsere Restaurants benannt haben, sind die ultimative »Süßigkeit« für uns. Da uns der Erfolg unserer Restaurants wichtig ist, verbringt die Familie zwangsläufig viel Zeit dort. Wenn Sie Abhi oder Aki fragen, was für sie Zeit mit der Familie bedeutet, werden sie vermutlich antworten: »Das *Abhi's*.« Trotz all der versäumten Hausaufgaben, Fußballvergnügen und Gespräche am Esstisch bedauern Abhi und Aki nicht die vielen Stunden, die die Restaurants der Familie abverlangen, sie fühlen sich dort wohl und sind voll in das Tagesgeschäft eingebunden. Wir hätten es nicht besser treffen können.

In Indien feiert man die glücklichen Momente mit Süßigkeiten. Zu festlichen Anlässen, Hochzeiten und religiösen Feierlichkeiten werden sie oft vor allen anderen Speisen serviert. Die Inder haben die poetische Vorstellung, dass mit einem süßen Auftakt zum Essen das weitere Leben ebenso süß verlaufen wird. Auf einer Hochzeit in Südindien zum Beispiel werden Speisen auf Bananenblättern serviert und strenge Vorschriften regeln, wie sie zu platzieren sind. Süßigkeiten stehen immer rechter Hand, etwa bei vier Uhr, wo ein Mahl beginnt und entgegen dem Uhrzeigersinn seinen Verlauf nimmt. Ebenso verhält es sich mit den großen Thali-Platten in ganz Indien – am Anfang steht immer eine Süßspeise.

Auch bei meiner ersten Begegnung mit meiner Frau Suba gab es etwas Süßes. Zu diesem Anlass serviert die Familie der Braut traditionell *kesari* (Grießkuchen). Subas Mutter hatte ihn mit Ananas bereitet (siehe Seite 205) und er schmeckte so gut, dass ich um Nachschlag bat.

Auch in Indien gibt es zur Freude der Kinder einen Eismann, den *kulfiwalla,* der seinen Karren durch die Straßen schiebt und *Kulfi*-Eiscreme am Stiel verkauft.

Andere Süßigkeiten wie Halwa sind allgegenwärtig, unterscheiden sich aber von Region zu Region. In Mumbai besteht Halwa aus harten, karamelligen Würfeln, im Süden ist es weicher und muss gelöffelt werden. Das beliebteste Halwa in ganz Indien stammt aus meiner Heimatstadt Tirunelveli in Tamil Nadu. Es hat die Konsistenz von Lokum, und die Leute kommen von überall her, um es in der Zuckerbäckerei Iruttu Kadai Halwa zu kaufen. Es ist so aufwendig herzustellen, dass meine Mutter die Mühe scheute, es Suba beizubringen. Zum Glück macht sie es noch für mich, wenn ich zu Besuch bin.

So verlockend Süßigkeiten sind, man sollte immer Maß halten – zu viel Süßes führt nur zu Unbehagen und schürt das Verlangen, während genau das richtige Maß Zufriedenheit und ein langes Leben verspricht.

pistazien-kulfi

»Kulfi« ist ein in Nordindien sehr beliebtes Eis, jeder isst es gern. Es wird traditionell von Straßenhändlern am Holzstiel verkauft. Wenn Suba »kulfi« isst, fühlt sie sich in ihre Kindheit zurückversetzt. Damals in den 1970er-Jahren besaß ihre Familie noch nicht den Luxus eines Kühlschranks, also schleckte sie an heißen Tagen nach der Schule zur Erfrischung »kulfi«. Wenn sie auf der Straße die Glocke des »kulfiwalla« hörte, wusste sie, draußen wartet der »Himmel am Stiel«.

Gutes »kulfi« muss langsam gefrieren – es dürfen sich keine groben Eiskristalle bilden. Dazu wird die Milch eingekocht, wodurch ihr Wassergehalt sinkt und sie dick und cremig wird. Heute kann man auf Kondensmilch zurückgreifen, die eingekochter Milch am nächsten kommt. Auch bei diesem Rezept wird sie verwendet, doch wer möchte, kann auch Vollmilch nehmen und ganz langsam auf ein Drittel reduzieren. »Kulfi« lässt sich gut in größeren Mengen zubereiten und ist tiefgefroren lange haltbar.

750 ml Kondensmilch

120 ml Schlagsahne

120 g Zucker

4 EL geschälte Pistazienkerne, grob zerstoßen, plus extra zum Garnieren

½ TL gemahlener Kardamom

ERDBEERSAUCE

100 g Erdbeeren, gewürfelt

30 g feiner Zucker

1 Sternanis

½ Zimtstange

FÜR 6 PERSONEN ALS DESSERT

Die Milch, die Sahne und den Zucker in einem Topf mit dickem Boden 20 Minuten auf kleiner Flamme köcheln lassen. Regelmäßig den Milchfilm vom Topfrand streichen.

3 EL der zerstoßenen Pistazien und den gemahlenen Kardamom unterrühren und den Topf vom Herd nehmen. Ein Stück Frischhaltefolie direkt auf die Oberfläche der Milch legen (damit sich keine Haut bildet) und die Milch abkühlen lassen.

Die Creme, sobald sie abgekühlt ist, in Plastikbehälter gießen (drei große oder sechs kleinere) oder in sechs Becherförmchen mit 125 ml Volumen füllen. Mit den Deckeln fest verschließen oder mit Frischhaltefolie sorgfältig zudecken, damit sich an der Oberfläche keine Kristalle absetzen können, und einfrieren.

Für die Erdbeersauce sämtliche Zutaten mit 125 ml Wasser in einem Topf vermengen und bei geringer Hitze etwa 5 Minuten garen. Sobald die Erdbeeren weich sind, den Sternanis und den Zimt wegwerfen und die Mischung durch ein feines Sieb in eine Schüssel streichen. Mit einem Löffelrücken die Früchte im Sieb gut ausdrücken.

Das Kulfi 10 Minuten vor dem Servieren aus dem Gefrierschrank nehmen und auf Tellern anrichten. Mit Pistazienkernen garnieren und mit der Erdbeersauce servieren.

tipp: Probieren Sie verschiedene Aromen aus. Beliebt sind zum Beispiel Rosenwasser, Safran, Feige und Walnuss.

Kadai Mangai Curry

Wachteln mit Mangocurry

4 Wachteln, Rückgrat herausgetrennt und die Vögel flach aufgeklappt

1 TL gemahlene Kurkuma

2 TL fein geriebener Ingwer

1 EL Ghee (siehe Glossar)

1 TL Kreuzkümmelsamen

½ TL rotes Chilipulver

2 getrocknete rote Chilis

2 TL Tamarindenmark

1 TL Koriandersamen, zerstoßen

1 EL geriebener Palmzucker (Jaggery) oder brauner Zucker

1½ EL süßes Mango-Chutney (Fertigprodukt)

2 EL Pflanzen- oder Sonnenblumenöl

3–4 frische grüne Mangospalten (nach Belieben)

FÜR 4 PERSONEN

Den Ofen auf 180 °C vorheizen und gegebenenfalls ein Blech einschieben (siehe Tipp).

Die Wachteln mit etwas Salz und jeweils der Hälfte Kurkuma und Ingwer einreiben und die Gewürze 20 Minuten einwirken lassen.

In einer Pfanne das Ghee auf mittlerer Stufe erhitzen und die Kreuzkümmelsamen darin 1 Minute rösten. Chilipulver, getrocknete Chilis, Tamarindenmark, Koriandersamen und den Rest Kurkuma und Ingwer zugeben und 4 Minuten anschwitzen. Salzen, den Palmzucker und das Mango-Chutney unterrühren und 5–7 Minuten garen; dabei nach und nach 185 ml Wasser zugießen, bis eine sämige, dickflüssige Sauce entstanden ist. Warm stellen.

Das Öl in einer großen ofenfesten Pfanne stark erhitzen. Die Wachteln mit der Haut nach unten einlegen und 2 Minuten anbraten. Umdrehen und 1 weitere Minute anbraten. Die Pfanne in den Ofen schieben und das Geflügel weitere 4–6 Minuten braten, bis es gar, aber noch saftig ist – nicht übergaren.

Die Sauce, falls nötig, behutsam wieder erwärmen. Die Wachteln halbieren oder vierteln und mit der Sauce überziehen. Mit Mangospalten garnieren und servieren.

Tipp: Wenn Sie keine ofenfeste Pfanne haben, heizen Sie im Ofen eine Auflaufform oder ein Blech vor und legen Sie die Wachteln nach dem Anbraten darauf.

kalbs-pasanda

Kalbsröllchen in Mandel-Safran-Sauce

Dieses Gericht hatte großen Anteil an der lobenden Kritik von Sydneys wichtigstem Restaurantkritiker über das »Abhi's« im Jahre 1994. Zarte Kalbsröllchen, die mit Sultaninen, Cashewkernen und Pistazien gefüllt und in einer üppigen Safran-Mandel-Sauce geschmort werden.

6 dünne Kalbsschnitzel
3 EL gestiftelte Mandeln
2 EL Cashewkerne
1 EL fein geriebener Ingwer
1 TL zerstoßener Knoblauch
2 EL Ghee (siehe Glossar)
3 EL Pflanzen- oder Sonnenblumenöl
3–4 grüne Kardamomkapseln
1 TL rotes Chilipulver
2 TL gemahlener Koriander
10 Safranfäden
2 rote Zwiebeln, in Streifen geschnitten
150 g dicker Joghurt (Vollfettstufe), verschlagen
100 ml Sahne
2 TL gehacktes Koriandergrün

FÜLLUNG

1½ EL Milchpulver
1 EL gehacktes Koriandergrün
1 EL zerstoßene Cashewkerne
2 TL geschälte Pistazien, halbiert, plus extra Pistazien, zerstoßen, zum Garnieren
2 TL grob gehackte Sultaninen
¼ TL gemahlener Kardamom

FÜR 6 PERSONEN ALS TEIL EINER GEMEINSCHAFTLICHEN TAFEL

Sämtliche Zutaten für die Füllung in einer Schüssel vermengen und in sechs gleich große Portionen teilen.

Die Kalbsschnitzel auf die Arbeitsfläche legen und jeweils eine Portion in die Mitte platzieren, die Ränder frei lassen. Die seitlichen Ränder nach innen über die Füllung schlagen und die Pakete wie eine Frühlingsrolle fest zusammenrollen. Darauf achten, dass alle Seiten verschlossen sind. Für 4 Stunden in den Kühlschrank legen.

Inzwischen die Mandeln und die Cashewkerne 1 Stunde in heißem Wasser einweichen. Abtropfen lassen und in der Küchenmaschine fein zermahlen. Beiseitestellen.

Ingwer und Knoblauch vermengen.

Das Ghee und 1 EL Öl in einem Topf auf mittlerer Stufe erhitzen, Kardamom, Chilipulver, gemahlenen Koriander und Safran anrösten. Sobald die Mischung aromatisch duftet, die Zwiebeln hinzufügen und goldbraun anbraten. Ingwer und Knoblauch unterrühren und weitere 2 Minuten Farbe annehmen lassen.

Den Joghurt und die Mandel-Cashew-Paste zugeben und bei geringer Hitze 20 Minuten garen. Dabei in kleinen Mengen je nach Bedarf 80–250 ml Wasser einarbeiten. Sobald sich das Öl absetzt, die Sauce vom Herd nehmen.

Das restliche Öl in einer großen Pfanne mäßig stark erhitzen, die Kalbsröllchen einlegen, von allen Seiten kurz anbraten und salzen (siehe Tipp).

Die Kalbsröllchen mit der Sauce übergießen und weitere 2 Minuten garen. Die Sahne unterrühren, mit gehacktem Koriandergrün und den zerstoßenen Pistazienkernen garnieren und servieren.

tipp: Kalb ist sehr zartes und fettarmes Fleisch, das rasch gart, also nicht zu lange garen und daran denken, dass es in der heißen Sauce noch durchzieht.

wagyu-rind ullathu

Gebratenes Wagyu-Rind nach Kerala-Art

Dies ist eine aufgefrischte Version des klassischen Rindfleisch Ullathu aus Kerala mit dem legendären Wagyu-Rind aus Japan, das auch bei uns in Australien gezüchtet wird. Die Zubereitung besteht aus mehreren Arbeitsschritten, ist aber nicht aufwendig, umso beachtlicher ist das Ergebnis. Sind die Kichererbsen erst gar, geht der Rest ganz schnell und einfach. Das Fleisch wird erst unmittelbar vor dem Servieren gegart und das Gericht im letzten Moment fertiggestellt, halten Sie also alles rechtzeitig bereit.

100 g schwarze Kichererbsen (Chana Dal; siehe Glossar), über Nacht eingeweicht und abgetropft (oder 220 g Kichererbsen aus der Dose, abgespült und abgetropft)

1 TL gemahlener Fenchel

2 TL gemahlener schwarzer Pfeffer

1 TL gemahlene Kurkuma

2 TL rotes Chilipulver

1 EL gemahlener Koriander

80 ml Pflanzen- oder Sonnenblumenöl

Saft von 1 Limette

1 kg Filet vom Waguy-Rind, in Medaillons zu 125 g geschnitten

1 TL schwarze Senfsamen

1 TL Fenchelsamen

2 TL Koriandersamen, grob zerstoßen

6 getrocknete rote Chilis

1 TL schwarze Pfefferkörner, grob zerstoßen

2 rote Zwiebeln, gehackt

1 EL fein geriebener Ingwer

1 EL in Scheiben geschnittener Knoblauch

3 EL frische oder getrocknete Kokosflocken

10 Curryblätter

5 cm frischer Ingwer, in feine Streifen geschnitten

FÜR 8 PERSONEN ALS TEIL EINER GEMEINSCHAFTLICHEN TAFEL

Sie müssen eventuell 1 Tag im Voraus beginnen.

Die schwarzen Kichererbsen in gesalzenem Wasser etwa 2 Stunden kochen, bis sie weich sind. Abtropfen lassen und beiseitestellen. Sie können sie am Vortag kochen und bis zum nächsten Tag im Kühlschrank aufbewahren. Kichererbsen aus der Dose müssen nicht gegart werden.

Inzwischen den gemahlenen Fenchel und Pfeffer sowie Kurkuma, Chilipulver, gemahlenen Koriander, 1½ EL des Öls und drei Viertel des Limettensafts in einer kleinen nichtmetallenen Schüssel vermengen. Das Fleisch rundherum mit der Mischung einreiben und 1 Stunde im Kühlschrank marinieren (siehe Tipp).

In einer Pfanne das restliche Öl auf mittlerer Stufe erhitzen, Senf- und Fenchelsamen hineingeben und etwa 20 Sekunden rösten. Koriandersamen, getrocknete Chilis und Pfefferkörner zufügen und 1 weitere Minute rösten. Die Zwiebeln zugeben und in 6–8 Minuten goldbraun anbraten. Ingwer und Knoblauch untermengen und in 3 Minuten Farbe annehmen lassen.

Die Rindermedaillons wie gewünscht grillen (am besten *medium-rare* oder *medium*). Vom Grill oder aus der Pfanne nehmen und kurz ruhen lassen.

Kichererbsen und Kokosflocken unter die Zwiebelmischung rühren. Die Hitze erhöhen, das Fleisch zugeben und rasch durchschwenken, bis alles gleichmäßig vermengt und heiß ist. Vom Herd nehmen, den restlichen Limettensaft, die Curryblätter und den Ingwer zugeben und sofort servieren.

tipp: In dieser Phase kein Salz zugeben, sonst trocknet das Fleisch aus.

wattalappam

Indischer Pudding mit Palmsirup

Dieses Dessert stammt ursprünglich von der muslimischen Bevölkerung Keralas, in Sri Lanka ist es sehr beliebt. Es wird mit »Kithul-Jaggery«, einem dunkelbraunen leicht bitteren Palmzucker zubereitet. Doch in Verbindung mit der süßlichen Kokosmilch rundet er Geschmack und Farbe wunderbar harmonisch ab.

110 g weißer Zucker

1 EL Cashewkerne, grob gehackt

500 ml Kokosmilch

175 g geriebener Kithul-Palmzucker (siehe Glossar, ersatzweise Muscovadozucker)

½ TL gemahlener Kardamom

¼ TL gemahlene Muskatblüte

5 Eier, leicht verschlagen (siehe Tipp)

FÜR 8 PERSONEN ALS DESSERT

Den Ofen auf 160 °C vorheizen.

Den Zucker in einer Pfanne bei mittlerer bis starker Hitze schmelzen; die Pfanne gelegentlich neigen und kreisen lassen, jedoch nicht umrühren. Den Zucker zu einem goldgelben Karamell kochen und rasch, aber vorsichtig in acht Becherförmchen mit 125 ml Volumen gießen. Durch Neigen der Förmchen den Karamell gleichmäßig darin verteilen, die Cashewkerne hineinstreuen und die Förmchen beiseitestellen.

In einer großen Schüssel Kokosmilch, Kithul-Palmzucker, Kardamom und Muskatblüte 4–5 Minuten kräftig verschlagen, bis sich der Palmzucker aufgelöst hat. Die Eier unterrühren und die Mischung durch ein feines Sieb in eine Kanne passieren. Die Creme in die Förmchen gießen, in eine Bratenpfanne stellen und bis zur halben Höhe der Förmchen heißes Wasser angießen.

Die Puddings im Ofen 20 Minuten garen, die Temperatur auf 140 °C reduzieren und weitere 15–20 Minuten garen, bis die Creme gestockt ist.

Aus dem Ofen und dem Wasserbad nehmen, abkühlen lassen und in den Kühlschrank stellen.

Die Puddings vor dem Servieren auf Raumtemperatur erwärmen lassen. Zum Herauslösen die Creme an den Seiten mit einem Messer vom Formrand lösen, den Boden kurz in heißes Wasser tauchen und die Puddings auf Teller stürzen.

tipp: Die Eier nicht zu schaumig schlagen, ein gutes Wattalappam sollte keine Luftblasen haben, sondern in der Konsistenz an Crème Caramel erinnern.

Kanavai Nerachathu

Gefüllter Tintenfisch mit pikanter Tomaten-Coulis

12 Mini-Kalmare

2 EL Pflanzenöl

junges Koriandergrün zum Garnieren

FÜLLUNG

1 EL Pflanzenöl

6 Schalotten, fein gehackt

1 TL gehackter Ingwer

4 Knoblauchzehen, zerstoßen

100 g rohes Garnelenfleisch, gehackt

1 Tomate, fein gewürfelt

2 kleine grüne Chilis, gehackt

½ Bund Koriandergrün, grob gehackt

2 EL Kichererbsenmehl (Besan)

1 EL Tamarindenmark

½ TL gemahlene Kurkuma

PIKANTE TOMATEN-COULIS

1 EL Sonnenblumenöl

½ TL Fenchelsamen

3 getrocknete rote Chilis

90 g Tomatenmark

½ Bund Koriandergrün, grob gehackt

Saft von 1 Limette

FÜR 6 PERSONEN ALS TEIL EINER GEMEINSCHAFTLICHEN TAFEL

Zuerst die Kalmare säubern. Vorsichtig die Fangarme von den Tuben abziehen (dabei sollten die Eingeweide mit herauskommen). Die Eingeweide samt Augen abschneiden und mit den Fingern den harten Schnabel aus dem Zentrum der Fangarme herausdrücken. Das durchsichtige Fischbein aus den Tuben herausziehen und wegwerfen. Die Tuben gründlich ausspülen, die Flügel abschneiden und beiseitelegen.

Für die Füllung das Öl in einer Pfanne auf mittlerer Stufe erhitzen und die Schalotten 3 Minuten farblos anschwitzen. Ingwer und Knoblauch zugeben und weniger als 1 Minute angehen lassen. Die restlichen Zutaten für die Füllung, inklusive der Kalmarflügel, hinzufügen und bei mittlerer bis starker Hitzezufuhr 2 Minuten garen, bis die Mischung relativ trocken ist. Vom Herd nehmen, salzen und abkühlen lassen.

Die Tintenfischtuben mit der Mischung füllen und mit Zahnstochern zustecken. Beiseitelegen.

Für die Tomaten-Coulis das Öl in einem kleinen Topf auf mittlerer Stufe erhitzen. Fenchel und getrocknete Chilis 1 Minute rösten, bis sie aromatisch duften und die Spitzen geschwärzt sind. Das Tomatenmark und 250 ml Wasser zugeben und auf mittlerer Stufe 5–7 Minuten garen. Koriandergrün und Limettensaft unterrühren und vom Herd nehmen.

Inzwischen das Öl für die Kalmare in einer Pfanne stark erhitzen. Die gefüllten Tintenfischtuben und die Fangarme einlegen und von allen Seiten braten. Das dauert nur ein paar Minuten, die Füllung ist ja bereits gegart – nicht übergaren, sonst wird der Tintenfisch zäh wie Gummi. Auf Tellern anrichten, mit Tomaten-Coulis umträufeln, mit Koriandergrün garnieren und sofort servieren.

Fisch-Caldin

Fischcurry »Filsumai«

Dieses Curry aß ich zum ersten Mal in Goa in einem Laden namens »Filsumai«. Das goanische Duo Johnny Gonzalves und Aunty Lourds führt das kleine Lokal, in dem die beiden ihrer großen Leidenschaft für die Küche Goas nachgehen. Hier ist meine Version des Fisch-Caldins, das ich dort genoss.

4 ganze Wolfsbarsche (je 400 g), geschuppt und ausgenommen

1½ TL gemahlene Kurkuma

3 EL Pflanzen- oder Sonnenblumenöl

2 Zwiebeln, gehackt

2 kleine grüne Chilis, längs halbiert

1 Tomate, gewürfelt

1 EL Tamarindenmark (siehe Glossar)

80 ml Kokosmilch

PASTE

50 g Kokosraspel

4 Knoblauchzehen, zerstoßen

2 EL Koriandersamen

1 EL fein geriebener Ingwer

1 EL Kreuzkümmelsamen

1 EL schwarze Pfefferkörner

3 getrocknete rote Chilis

1 EL weiße Mohnsamen (siehe Glossar)

FÜR 4 PERSONEN ALS TEIL EINER GEMEINSCHAFTLICHEN TAFEL

Die Fische in je 3 Stücke schneiden, mit etwas Kurkuma einreiben und 20 Minuten ruhen lassen.

Sämtliche Zutaten für die Paste im Mixer fein zermahlen, 125 ml Wasser zugeben und mixen, bis eine glatte Masse entstanden ist.

Das Öl in einem Schmortopf mit dickem Boden auf mittlerer Stufe erhitzen und die Zwiebeln 6–8 Minuten anbraten, bis sie leicht gebräunt sind. Chilihälften, Tomate und die vorbereitete Paste zugeben und unter Rühren 15 Minuten garen, bis sich der Kokosgeruch verflüchtigt hat.

Die Fischstücke und das Tamarindenmark hineingeben und so viel Wasser zugießen, dass der Fisch eben bedeckt ist. Salzen und 5–7 Minuten garen.

Die Koksmilch unterrühren, weitere 5 Minuten garen und sofort servieren.

tipp: Die Kokosmilch wird erst ganz zum Schluss zugegeben, damit sie ihre süßliche Note bewahrt.

wachtel-porichadu

In der Pfanne gebratene Wachteln

1 EL gemahlener Koriander

1 TL germahlener Kreuzkümmel

½ TL gemahlene Kurkuma

1 TL rotes Chilipulver

1 TL Garam Masala

Saft von 1 Zitrone

1 EL fein geriebener Ingwer

1 TL zerstoßener Knoblauch

4 Wachteln, Rückgrat herausgetrennt und flach ausgebreitet

3 EL Pflanzenöl

1 TL Fenchelsamen

2 getrocknete rote Chilis

1 rote Zwiebel, in Streifen geschnitten

1 Kartoffel, geschält und in dünne Scheiben geschnitten

20 Curryblätter

in feine Streifen geschnittener Ingwer zum Garnieren

FÜR 4 PERSONEN ALS TEIL EINER GEMEINSCHAFTLICHEN TAFEL

Den Ofen auf 180 °C vorheizen.

Koriander, Kreuzkümmel, Kurkuma, Chilipulver, Garam Masala, Zitronensaft, Ingwer und Knoblauch vermengen, die Wachteln rundherum mit der Mischung einreiben und 20 Minuten marinieren.

In einer großen ofenfesten Pfanne 1 EL des Öls auf mittlerer Stufe erhitzen (siehe Tipp). Fenchel und Chilis anrösten, bis die Chilispitzen geschwärzt sind. Die Zwiebeln zugeben und in 6–8 Minuten goldbraun anbraten.

Während die Zwiebeln Farbe annehmen, in einer weiteren Pfanne 1 EL Öl mäßig stark erhitzen, die Kartoffelscheiben rasch anbraten und zur Seite stellen.

Die Wachteln mit der Haut nach unten in die Pfanne mit den Zwiebeln legen und 2 Minuten bräunen. Wenden und auch von der anderen Seite 1 Minute Farbe annehmen lassen. Zum Ende die Hälfte der Curryblätter und die Kartoffelscheiben zugeben und alles vermengen.

Die Pfanne in den Ofen schieben und die Wachteln weitere 4–6 Minuten braten, bis sie gar, aber im Kern noch saftig sind – nicht übergaren.

Inzwischen das restliche Öl in einer Pfanne auf kleiner Flamme erhitzen, die restlichen Curryblätter hineingeben und knusprig braten. Auf Küchenpapier abtropfen lassen.

Die Wachteln mit den gebratenen Curryblättern und dem Ingwer garnieren und servieren.

tipp: In Ermangelung einer ofenfesten Pfanne können Sie auch eine Auflaufform oder ein Backblech im Ofen vorheizen, die Wachteln nach dem Anbraten darauflegen und im Ofen fertigstellen.

Lau Chingri

Garnelen mit Wintermelone

Dieses Gericht habe ich durch den indischen Generalkonsul Amit Dasgupta kennengelernt, ein häufiger Gast im »Aki's« und ein passionierter Esser. Er gibt gerne Kostproben seines umfangreichen kulinarischen Wissens und war so nett, dieses Rezept von seiner Mutter zu verraten. Ich finde, es besticht durch seine sauberen und einfachen Aromen, bei denen die Zutaten für sich selbst sprechen. Die Zubereitung geht ganz schnell und einfach, es gehört zu meinen Lieblingsgerichten. Am besten geeignet sind dafür kleine Garnelen. Traditionell werden die Garnelen im Ganzen gegart, schon wegen der geringen Größe. Ihr knuspriger Biss setzt einen reizvollen Kontrast zur weichen Wintermelone.

100 ml Pflanzen- oder Sonnenblumenöl zum Braten

600 g kleine Garnelen (Grönlandshrimps), Köpfe entfernt und Beine gekürzt

1 Lorbeerblatt

3 getrocknete rote Chilis

½ TL Zucker

1½ TL Panch Phoron Masala (siehe Glossar)

1 EL fein geriebener Ingwer

200 g Wintermelone (Wachskürbis), geschält, längs halbiert, entkernt und in Scheiben geschnitten

2 TL gemahlener Kreuzkümmel

Saft von 1 Limette

FÜR 4–6 PERSONEN ALS TEIL EINER GEMEINSCHAFTLICHEN TAFEL

Einen Fingerbreit hoch Öl in eine große Pfanne mit hohem Rand gießen, stark erhitzen und die Garnelen portionsweise goldbraun und knusprig braten. Mit einem Schaumlöffel herausheben und auf Küchenpapier abtropfen lassen.

Das Öl bis auf 3 EL weggießen und auf mittlerer Stufe wieder erhitzen. Lorbeerblatt, getrocknete Chilis, Zucker und Panch Phoron Masala hineingeben und 1 Minute anrösten. Den Ingwer unterrühren, die Wintermelone zugeben und zugedeckt etwa 10 Minuten schmoren, bis das Gemüse weich ist. Den Kreuzkümmel untermengen.

Die Garnelen unter das Gemüse mischen, salzen und die Restflüssigkeit in der Pfanne bei starker Hitze verkochen lassen. Mit Limettensaft abschmecken und servieren.

Krabben-Iddiappam

Kokoskrabbe mit gedämpften Reisnudelküchlein

*Iddiappam sind in Sri Lanka auch als »string hoppers« (Schnurhüpfer) bekannt.
Man benötigt dafür Iddiappam-Mehl und eine spezielle Iddiappam-Presse (oder eine Nudelmaschine).
Beides finden Sie in indischen und sri-lankischen Lebensmittelläden.*

KOKOSBRÜHE

1 Tomate

1 EL Pflanzen- oder Sonnenblumenöl

½ TL schwarze Senfsamen

½ TL Fenchelsamen

½ TL Bockshornkleesamen

1 rote Zwiebel, in feine Streifen geschnitten

2 kleine grüne Chilis, längs halbiert

½ TL gemahlene Kurkuma

6 Curryblätter

1 TL fein geriebener Ingwer

330 ml Kokosmilch

KRABBENBELAG

2 TL Pflanzen- oder Sonnenblumenöl

1 TL schwarze Senfsamen

1 TL fein geriebener Ingwer

½ TL Fenchelsamen

2 rote Zwiebeln, fein gehackt

1 kleiner grüner Chili, gehackt

½ TL gemahlene Kurkuma

200 g gegartes Krabbenfleisch

1 Handvoll frisch geriebenes (oder tiefgekühltes) Kokosmark (siehe Glossar)

10 Curryblätter

IDDIAPPAM

200 g Iddiappam-Mehl (siehe Glossar)

1 TL Pflanzen- oder Sonnenblumenöl, plus extra zum Einfetten

FÜR 6 PERSONEN ALS TEIL EINER GEMEINSCHAFTLICHEN TAFEL

Für die Kokosbrühe die Tomate an der Basis kreuzweise einritzen, in eine hitzebeständige Schüssel legen und mit kochendem Wasser bedecken. Nach 30 Sekunden kalt abschrecken und häuten. Die Tomate halbieren, mit einem kleinen Löffel die Kerne herauslösen und wegwerfen. Das Fruchtfleisch grob würfeln und beiseitelegen.

Das Öl in einem großen Topf mit dickem Boden auf mittlerer Stufe erhitzen und die Senfsamen 20 Sekunden rösten. Fenchel- und Bockshornkleesamen, Zwiebeln und grüne Chilis zugeben und etwa 5 Minuten anschwitzen, bis die Zwiebeln langsam weich werden. Kurkuma, Curryblätter und Ingwer unterrühren, dann die gewürfelte Tomate und die Kokosmilch zugeben und 10 Minuten garen.

160 ml Wasser zugießen – es sollte am Ende eine leichte, nicht zu dicke und kokoslastige Brühe sein –, weitere 5 Minuten garen und salzen. Die Brühe durch ein Sieb gießen und beiseitestellen; die Rückstände im Sieb wegwerfen.

Für die Iddiappam 250–300 ml Wasser zum Kochen bringen; 1 Prise Salz und das Öl hineingeben. Das Mehl in eine große Schüssel streuen, ganz allmählich das kochend heiße Wasser zugießen und alles zu einem weichen Teig verarbeiten. Gründlich durchkneten und zu einem Kloß formen.

Eine Iddiappam-Presse von innen einölen, eine faustgroße Portion Teig hineingeben und auf ein perforiertes Blech zum Dämpfen pressen – der Teig fällt in dünnen Fäden herab. Die Presse dabei so kreisen lassen, dass die Fäden flache Kreise (ein oder zwei Schichten übereinander) von 7,5 cm Durchmesser formen. Wenn Sie mit einer Nudelmaschine arbeiten, die Stärke so fein wie möglich einstellen, feiner als Engelshaar, eher wie Vermicelli. In dieser Weise den gesamten Teig zu runden Iddiappam verarbeiten; insgesamt sollten es 12 Stück sein. Die Iddiappam 10–15 Minuten dämpfen. Warm stellen.

Für den Krabbenbelag das Öl in einer Pfanne mit dickem Boden mäßig stark erhitzen und die Senfsamen darin 20 Sekunden rösten. Ingwer, Fenchelsamen, Zwiebeln, Chili und Kurkuma zugeben, das Krabbenfleisch untermengen und mit etwas Kokosbrühe benetzen. Sorgfältig umrühren, das Kokosmark und die Curryblätter untermischen und vom Herd nehmen.

Auf jedem Teller zwei Iddiappam anrichten, mit der Krabbenmischung garnieren und mit etwas Kokosbrühe überziehen. Die restliche Kokosbrühe in kleinen Becherförmchen zum Darüberlöffeln dazu reichen.

duck-seekh-kebabs

Gegrillte Kebabs aus Entenbrust

Um für etwas Abwechslung von den notorischen Lamm- und Rindfleisch-Kebabs zu sorgen, habe ich für dieses Rezept Entenbrust gewählt, wegen ihrer wildähnlichen Note und dem im Vergleich zur Keule geringeren Fettgehalt. Die Kebabs werden nur sparsam gewürzt, damit der Eigengeschmack des Fleischs zur Geltung kommt und nicht durch zu kräftiges Würzen überlagert wird. Das süßliche Pflaumen-Chutney passt perfekt dazu. Einfach in der Zubereitung und ein echter Genuss.

400 g durchgedrehte Entenbrust (bitten Sie Ihren Metzger um Hilfe)

2 TL fein geriebene Bio-Orangenschale

2 TL fein gehackte Minze

1 EL fein gehacktes Koriandergrün

½ TL Fenchelsamen

2 TL fein geriebener Ingwer

2 kleine rote Chilis, fein gehackt

6 Bambusspieße, 20 Minuten gewässert (siehe Tipp)

Pflanzen- oder Sonnenblumenöl zum Bestreichen

frische Pflaumenspalten zum Servieren

Pflaumen-Chutney (siehe Seite 211) zum Servieren

FÜR 6 KLEINE SPIESSE

In einer Schüssel Entenhackfleisch, Orangenschale, Kräuter, Fenchelsamen, Ingwer, Chilis und etwas Salz gründlich vermengen und für 1 Stunde in den Kühlschrank stellen. Die Masse lässt sich gekühlt leichter verarbeiten.

Die Masse in sechs Portionen teilen, zu länglichen Kebabs formen und auf die Spieße stecken.

Einen Grill vorglühen und den Rost leicht mit Öl bestreichen. Die Spieße auflegen und 10 Minuten grillen, bis sie rundherum goldbraun und durchgegart sind; regelmäßig umdrehen. Die Kebabs mit den frischen Pflaumenspalten und dem Pflaumen-Chutney servieren.

tipp: Die Bambusspieße werden gewässert, damit sie auf dem Grill nicht verbrennen.

Variieren Sie ruhig die Zubereitungsmethode. Der Holzkohlegrill sorgt für eine wunderbare rauchige Note, die sich gut bei Entenfleisch macht, doch auch in der Grillpfanne gelingen die Spieße bestens. Sie sollten auf keinen Fall zu lange garen, sonst werden sie trocken.

Jakobsmucheln Tamateri

Gebratene Jakobsmuscheln mit Tomaten-Chutney

Die Süße der Jakobsmuscheln harmoniert perfekt mit dem Tomaten-Chutney und das subtile, milde Aroma des Curryöls gibt dem Ganzen den letzten Schliff. Das Rezept für das Chutney stammt von meiner Großmutter, abgesehen von den Zwiebeln, die in ihrer Küche nichts zu suchen hatten.

12–16 ausgelöste Jakobsmuscheln

½ TL gemahlene Kurkuma

2 EL Pflanzenöl

CURRYÖL

1 EL raffiniertes Sesamöl (siehe Glossar) oder Sonnenblumenöl

15 Curryblätter

2 EL natives Olivenöl extra

TOMATEN-CHUTNEY

6 reife Eiertomaten

2 EL raffiniertes Sesamöl oder Sonnenblumenöl

3 getrocknete rote Chilis

½ TL schwarze Senfsamen

½ TL Kreuzkümmelsamen

1 rote Zwiebel, gewürfelt

2 TL Kaschmir-Chilipulver (siehe Glossar)

1 Prise Asant (siehe Glossar)

1 EL fein geriebener Ingwer

10 Curryblätter

1 TL Zucker (nach Belieben)

FÜR 3–4 PERSONEN ALS TEIL EINER GEMEINSCHAFTLICHEN TAFEL

Für das Curryöl das Sesamöl in einer Pfanne auf kleiner Flamme erhitzen und die Curryblätter darin in 30–40 Sekunden knusprig rösten. Auf Küchenpapier abtropfen lassen und sorgfältig abtupfen. Die Blätter mit dem Olivenöl im Mörser zerstoßen. Das Öl hält sich bis zu 2 Wochen.

Die Jakobsmuscheln mit der Kurkuma einreiben und 20 Minuten ruhen lassen.

Inzwischen die Tomaten für das Chutney an der Basis kreuzweise einritzen, in eine hitzebeständige Schüssel legen und mit kochendem Wasser übergießen. Nach 30 Sekunden kalt abschrecken und die Haut abziehen. Die Tomaten halbieren, mit einem kleine Löffel die Kerne herauslösen und wegwerfen. Das Fruchtfleisch grob würfeln und beiseitestellen.

Das Sesamöl in einem kleinen Topf auf mittlerer Stufe erhitzen und die Chilis anbraten, bis sich ihre Spitzen schwarz färben. Die Senfsamen zugeben, 20 Sekunden rösten, Kreuzkümmel und Zwiebeln zufügen und 5 Minuten anschwitzen, ohne sie zu bräunen. Chilipulver, Asant, Ingwer, Curryblätter, Tomaten und 100 ml Wasser zugeben und 15–20 Minuten garen. Sind die Tomaten etwas sauer, den Zucker unterrühren.

In einer Pfanne 2 EL Pflanzenöl kräftig erhitzen. Die Jakobsmuscheln einlegen und 20 Sekunden braten. Umdrehen und von der anderen Seite 20 Sekunden braten – gart man sie zu lange, werden sie zäh wie Gummi.

Die gebratenen Jakobsmuscheln auf dem Tomaten-Chutney anrichten, mit dem Curryöl beträufeln und servieren.

tesri sukhé

Venusmuscheln nach Goa-Art

Was für eine schöne Art, bei unseren lieben Freunden Seema und Gautam in Goa den neuen »cashew-feni« (vergorener Saft des Kaschu-Apfels) zu feiern. Seema zögerte nicht, mir dieses bewährte Hausrezept zu verraten.

Die Zubereitung ist ganz einfach, erfordert kein langes Mahlen von Gewürzen, zeitaufwendiges Marinieren oder umfängliche Vorbereitungen. In Goa öffnen die Fischer die Muscheln mit einem sichelförmigen Messer für Sie. Ich habe die goanesischen Venusmuscheln durch die handelsüblichen kleineren Verwandten ersetzt.

3 EL Pflanzen- oder Sonnenblumenöl

2 TL zerstoßener Knoblauch

2 rote Zwiebeln, in Ringe geschnitten

½ TL gemahlene Kurkuma

1 TL Kaschmir-Chilipulver (siehe Glossar)

1 kg Venusmuscheln, 1 Stunde gewässert und abgetropft

2 Stücke Mangostane (Kokam; siehe Glossar), in 3 EL Wasser eingeweicht, oder 2 TL Tamarindenmark

70 g frisch geriebenes Kokosmark (siehe Glossar)

½ Bund Koriandergrün, grob gehackt

grüne Chilis zum Garnieren (nach Belieben)

FÜR 4–6 PERSONEN ALS TEIL EINER GEMEINSCHAFTLICHEN TAFEL

Das Öl in einer Pfanne auf mittlerer Stufe erhitzen. Den Knoblauch darin leicht bräunen, sofort die Zwiebeln zugeben – eine kleine Handvoll für Garniturzwecke zurücklegen – und etwa 5 Minuten anschwitzen, bis sie weich sind. Die Kurkuma und das Chilipulver unterrühren und weitere 2 Minuten angehen lassen.

Die Venusmuscheln, 1 Prise Salz, die Mangostanenstücke samt Einweichwasser und 125 ml Wasser zugeben und zugedeckt 2–3 Minuten garen, bis sich die Muscheln geöffnet haben.

Das geriebene Kokosmark untermengen und weitere 2–3 Minuten garen, jedoch nicht braun werden lassen. Mit Koriandergrün, Chilis und den restlichen Zwiebelringen garnieren und servieren.

kumro phool bhajja

Bengalische frittierte Kürbisblüten

In der bengalischen Küche sind »bhajjas« (im Backteig Frittiertes) ein wichtiger Bestandteil jedes Essens. Eine typische bengalische Platte besteht aus etwas Reis in der Mitte, umgeben von Frittiertem, einem Linsengericht und verschiedenem Gemüse. Auf einer meiner Reisen nach Kalkutta stieß ich auf dem Lake Market (zentraler Fisch- und Gemüsemarkt) auf Kürbisblüten. Sie machten mich neugierig, weil sie wie ein Gemüse verkauft wurden und aussahen wie Zucchiniblüten. Als ich meine bengalischen Kochfreunde fragte, wie man sie verarbeitet, erfuhr ich, dass man sie für »bhajjas« verwendet. Hier ist meine Version.

12 Kürbisblüten oder Mini-Zucchini mit Blüten

Pflanzenöl zum Frittieren

Tamarinden- oder Ingwer-Chutney (siehe Seite 210) zum Servieren

FÜLLUNG

75 g Panir (siehe Glossar), zerkrümelt, oder Hüttenkäse

2 TL gehacktes Koriandergrün

2 TL Sultaninen

1 TL fein geriebener Ingwer

BACKTEIG

90 g Kichererbsenmehl (Besan)

3 EL Reismehl

½ TL fein geriebener Ingwer

½ TL Mohnsamen

½ TL Kreuzkümmelsamen

¼ TL rotes Chilipulver

1 Prise gemahlene Kurkuma

FÜR 4–6 PERSONEN ALS VORSPEISE ODER TEIL EINER GEMEINSCHAFTLICHEN TAFEL

Für die Füllung den Panir in eine Schüssel bröckeln. Die restlichen Zutaten zugeben, salzen und alles sorgfältig vermengen.

Jeweils 2 TL der Masse in die Kürbis- oder Zucchiniblüten füllen. Die Blüten nicht zu voll füllen, sonst weichen sie durch. Beiseitelegen.

Sämtliche Zutaten für den Backteig in eine Schüssel geben und 180 ml Wasser einrühren. Salzen und alles zu einem nicht zu dünnen Teig verrühren.

Eine Fritteuse oder einen großen Topf zu einem Drittel mit Öl füllen und auf 180 °C erhitzen – färbt sich ein Brotwürfel darin in 15 Sekunden goldbraun, ist es heiß genug. Die gefüllten Kürbisblüten oder Mini-Zucchini portionsweise in den Backteig tauchen, sodass sie von allen Seiten bedeckt sind, und in etwa 3 Minuten goldbraun frittieren. Zwischendurch einmal wenden, damit sie gleichmäßig garen. Mit einem Schaumlöffel herausheben und auf Küchenpapier abtropfen lassen. Mit Tamarinden- oder Ingwer-Chutney sofort servieren.

sura puttu

Fisch-Haschee-Curry

Dies ist ein in Südindien verbreitetes Gericht, das man überall in der Region in den kleinen Restaurants serviert. Gegessen wird es mit Gemüse, Linsen und Reis als eine Art Beilage oder Nebengericht.

2 TL gemahlene Kurkuma

600 g Seehechtfilets ohne Haut

3 EL Pflanzen- oder Sonnenblumenöl

½ TL schwarze Senfsamen

½ TL Fenchelsamen

3 kleine grüne Chilis, gehackt

1½ EL fein gehackter Ingwer

8 Knoblauchzehen, zerstoßen

15 Curryblätter

½ Bund Koriandergrün, grob gehackt

Saft von 1 Limette

FÜR 6 PERSONEN ALS BEILAGE

Einen Topf zur Hälfte mit Wasser füllen, 1 TL der Kurkuma hineingeben und salzen. Zum Kochen bringen, den Fisch einlegen und 5 Minuten garen. Abtropfen, in Stücke zerpflücken und beiseitestellen.

Das Öl in einer Pfanne mit dickem Boden mäßig stark erhitzen und die Senfsamen 20 Sekunden rösten. Fenchelsamen, Chilis, Ingwer, Knoblauch und die restliche Kurkuma zugeben und 1 weitere Minute rösten; regelmäßig umrühren, damit die Gewürze nicht verbrennen.

Den Fisch hinzufügen und in der Würzmischung schwenken. Curryblätter, Koriandergrün und Limettensaft untermengen und heiß servieren.

maan porrial

Wild-Porrial

80 ml Pflanzen- oder Sonnenblumenöl

800 g ausgelöster Rehrücken, gewürfelt

1 TL schwarze Senfsamen

1 TL Fenchelsamen

2 rote Zwiebeln, gehackt

1 EL fein geriebener Ingwer

1 EL in Scheiben geschnittener Knoblauch

1 TL gemahlener Fenchel

2 TL zerstoßener schwarzer Pfeffer

1 TL gemahlene Kurkuma

2 TL rotes Chilipulver

1 EL gemahlener Koriander

1 Kartoffel, gekocht und gewürfelt

50 g Kokosraspel

Saft von 1 Limette

10 Curryblätter

FÜR 4–6 PERSONEN ALS TEIL EINER GEMEINSCHAFTLICHEN TAFEL

Das Öl in einer Pfanne mit dickem Boden kräftig erhitzen und das Rehfleisch in kleinen Portionen von allen Seiten scharf anbraten, damit es keinen Saft zieht. Es ist eine trockene Zubereitung, bei der sich keine Sauce bilden soll. Das angebratene Fleisch aus der Pfanne nehmen und beiseitestellen.

In derselben Pfanne die Senf- und Fenchelsamen 20 Sekunden anrösten. Die Zwiebeln zugeben und in 6–8 Minuten goldbraun anbraten. Ingwer und Knoblauch untermischen und 3 Minuten Farbe annehmen lassen.

Das Rehfleisch unter die Mischung ziehen, gemahlenen Fenchel, Pfeffer, Kurkuma, Chilipulver, gemahlenen Koriander, Kartoffel und Kokosraspel zugeben, alles behutsam verrühren und noch einmal 5 Minuten erhitzen, bis das Fleisch gar ist.

Den Limettensaft unterrühren, mit Curryblättern garnieren und servieren.

punjabi bheh masala

Lotoscurry

Ein enger Freund der Familie aus Delhi servierte uns einmal dieses wunderbare Gericht und verriet uns das Rezept. Es war das erste Mal, dass ich Lotoswurzel aß, ich war fasziniert von der Konsistenz dieses Gemüses. Dieses Curry ist ein typisch nordindisches Gericht, vor allem beliebt in Kaschmir und Punjab. In Kaschmir bereitet man es in Joghurt und Ghee zu, ich habe Senföl und Mohnsamen verwendet.

500 g Lotoswurzeln (in gut sortierten Asialäden erhältlich)

2 EL Mohnsamen

1 TL gemahlene Kurkuma

3 EL Senföl (siehe Glossar)

2 TL Kreuzkümmelsamen

3 rote Zwiebeln, geraspelt

1 EL fein geriebener Ingwer

1 TL rotes Chilipulver

1 EL gemahlener Koriander

3 kleine grüne Chilis, grob gehackt

rotes Chilipulver und fein gehacktes Koriandergrün zum Garnieren (nach Belieben)

FÜR 4 PERSONEN ALS TEIL EINER GEMEINSCHAFTLICHEN TAFEL

Die Lotoswurzeln schräg in dünne Scheiben schneiden und für 1 Stunde in kaltes Wasser legen.

Die Mohnsamen 20 Minuten in 3 EL Wasser weichen lassen (siehe Tipp). Mohnsamen samt Wasser in der Küchenmaschine oder in einem kleinen Mixer zu einer feinen Paste zermahlen.

In einem Topf Wasser mit ½ TL Kurkuma zum Kochen bringen, die Lotoswurzeln hineingeben und in 20–30 Minuten weich kochen. Abtropfen lassen.

In einer Pfanne mit dickem Boden 1 EL Senföl mäßig stark erhitzen und den Kreuzkümmel darin 20 Sekunden rösten. Die Zwiebeln zugeben und bräunen. Die Mohnpaste untermischen und unter ständigem Rühren etwa 3 Minuten garen; eventuell noch etwas Öl zugeben, damit sie nicht ansetzt.

Sobald sich Zwiebeln und Mohn langsam dunkelbraun färben, 1 EL Wasser unterrühren. Ingwer, restliche Kurkuma, Chilipulver und gemahlenen Koriander zugeben und auf kleiner Flamme weiter 5 Minuten garen. Ab und zu umrühren.

Die Lotoswurzeln und die grünen Chilis untermengen und die Sauce unter Rühren leicht eindicken lassen. Mit Salz abschmecken, nach Belieben mit Chilipulver und Koriandergrün garnieren und servieren.

tipp: Mohnsamen lassen sich leichter zermahlen, wenn man sie zuvor in etwas Wasser einweicht.

mishti dohi

Süße gebackene Joghurtcreme

Dieses Dessert habe ich unlängst auf einer Reise nach Kalkutta entdeckt. Man bereitet es traditionell in Tontöpfen zu, weil die Creme darin besser stockt. Allerdings wird das Töpfchen anschließend zerbrochen (aus hygienischen Gründen) – ein Einweggeschirr also. Man servierte uns diese Creme zum Frühstück. Ich war begeistert, was für eine exzellente Art, den Tag zu beginnen oder ein Mahl zu beschließen.

100 ml Schlagsahne oder Crème double

130 g gesüßte Kondensmilch

100 g dicker Joghurt (Vollfettstufe)

½ TL gemahlener Kardamom

1 EL grob gemahlene Pistazienkerne (nach Belieben)

3 EL Granatapfelkerne (nach Belieben)

FÜR 4 PERSONEN ZUM FRÜHSTÜCK ODER ALS DESSERT

Den Ofen auf 180 °C vorheizen.

In einer Schüssel Sahne, Kondensmilch, Joghurt und Kardamom kräftig verschlagen und durch ein Sieb in eine weitere Schüssel gießen.

Die Creme in vier ofenfeste Becherförmchen mit 80 ml Volumen füllen und in eine Bratenpfanne stellen. Bis zur halben Höhe der Förmchen heißes Wasser in die Pfanne gießen.

Die Cremes 15–20 Minuten im Ofen backen, bis sie vollständig gestockt sind – hin und wieder ein Auge darauf haben. Aus dem Wasserbad nehmen und abkühlen lassen.

Die Cremes in der Form raumtemperiert oder gekühlt servieren und nach Belieben mit Pistazien und Granatapfelkernen garnieren.

Ledikeni

Bengalische Grießkrapfen

Bei unserem jüngsten Besuch in Kalkutta begegneten wir diesem Dessert, das uns an »gulab jamun« (frittierte Teigbällchen mit Zuckersirup) erinnerte, wenn es auch ein wenig anders ist. »Ledikeni« ist eine traditionelle Nachspeise aus Bengalen, eigentlich »pantua« genannt, wurde jedoch zu Ehren von Lady Canning, Frau des Generalgouverneurs Charles Canning, die 1856 den Süßwarenladen Kalkuttas besuchte, umbenannt.

500 g Zucker

3 TL Rosenwasser

350 g Panir (siehe Glossar und Tipp)

2 EL feiner Grieß

150 g Milchpulver

3 EL Mehl, plus 1 Prise Backpulver

3 schwarze Kardamomkapseln, nur die Samen (siehe Tipp)

500 g Ghee, zerlassen (siehe Glossar)

100 g extrafeiner Zucker

18 Rosinen

FÜR 6 PERSONEN ALS DESSERT

Den Zucker, das Rosenwasser und 250 ml Wasser in einen Topf geben und auf mittlerer Temperaturstufe langsam zum Kochen bringen. Den Zucker unter Rühren auflösen und 3 Minuten aufkochen. Den Sirup etwas abkühlen lassen (siehe Tipp).

Panir, Grieß, Milchpulver, Mehl, Kardamomsamen, 1 EL des Ghees und 2 EL des feinen Zuckers in einer großen Schüssel zu einem Teig verkneten und 15 Minuten stehen lassen.

Den Teig in 18 Bällchen teilen, je 1 Rosine hineindrücken und zu länglichen Krapfen formen.

Das restliche Ghee in einem Wok oder einem Topf mit dickem Boden auf 160 °C erhitzen – wird ein Brotwürfel darin innerhalb von 30–35 Sekunden goldbraun, ist es heiß genug. Die Teigbällchen etwa 3 Minuten in dem Ghee backen und ab und zu wenden, bis sie kräftig gebräunt sind. Mit einer Schaumkelle herausheben und auf Küchenpapier abtropfen lassen. Die gebackenen Krapfen anschließend 2 Stunden in dem Zuckersirup tränken.

Zum Servieren den restlichen extrafeinen Zucker auf einem großen Bogen Backpapier verstreuen. Die Krapfen abtropfen lassen und in dem Zucker rollen.

tipp: Sie können den Panir durch Hüttenkäse ersetzen und statt schwarzem auch grünen Kardamom nehmen.

Der Zuckersirup sollte beim Einlegen der Krapfen noch recht warm sein, so zieht er besser ein.

Ananas-Kesari

Ananas-Grießbrei

Dieses Dessert liegt mir sehr am Herzen. Ich habe es schon als Kind sehr gemocht, doch etwas ganz Besonderes wurde es, als es meine zukünftige Schwiegermutter bei meiner ersten Begegnung mit Suba servierte. Im Süden Indiens ist es eine populäre Süßspeise, die sich im Handumdrehen zubereiten lässt, wenn mal unerwarteter Besuch vor der Tür steht.

125 g Ghee (siehe Glossar)

15 g Cashewkerne, in kleine Stücke zerhackt

150 g grober Grieß (siehe Tipp)

300 g extrafeiner Zucker

10 Safranfäden

50 g Ananas, fein gewürfelt

3 grüne Kardamomkapseln, zerstoßen

2 EL Sultaninen

FÜR 6–8 PERSONEN ALS DESSERT

In einer kleinen Pfanne 1 EL Ghee bei mittlerer Hitzezufuhr zerlassen und die Cashewkerne goldbraun rösten. Beiseitestellen.

Einen großen Topf mit dickem Boden schwach erhitzen, den Grieß hineinstreuen und 1 Minute rösten, um ihm sämtliche Feuchtigkeit zu entziehen. 400 ml Wasser zugießen und unter ständigem Rühren 5–7 Minuten kochen. Sobald der Grieß etwas weicher geworden ist, Zucker, Safran, Ananas und Kardamomkapseln zugeben – die Mischung wird jetzt etwas dünner. Weitere 4–5 Minuten garen und ständig rühren, damit der Zucker am Topfboden nicht karamellisiert.

Das restliche Ghee zerlassen und nach und nach unter den Grieß rühren; noch einmal 5 Minuten garen. Jetzt sollte sich die Masse vom Rand und Boden des Topfs lösen und leicht ölig erscheinen (siehe Tipp).

Die Hälfte der gerösteten Cashewkerne und die Sultaninen unterziehen, mit den restlichen Cashewkernen bestreuen und warm servieren. Es ist eine ziemliche süße Angelegenheit, eine kleine Portion pro Person genügt.

Tipp: Grobkörniger Grieß ist hier besser geeignet als die feine Variante.

Das Kesari sollte nicht klebrig sein. Der hohe Ghee-Anteil sorgt dafür, dass der Grieß nicht am Besteck klebt, und rundet den Geschmack ab.

Statt Ananas können Sie auch andere Früchte wie Aprikosen oder auch kandierten Ingwer nehmen.

würzsaucen & Beilagen

grünes chutney

Koriander-Chili-Chutney

½ Bund Minze, abgezupft

1 Bund Koriandergrün, abgezupft und grob gehackt

4 lange grüne Chilis, gehackt

1 EL Zitronensaft

2 TL fein geriebener Ingwer

½ TL frisch gemahlener schwarzer Pfeffer

ERGIBT ETWA 375 ML

Sämtliche Zutaten mit 1 TL Salz im Mixer pürieren, bis die Mischung glatt ist. In eine kleine Schüssel umfüllen und bis zur weiteren Verwendung zudecken.

tamarinden-ingwer-chutney

3 EL raffiniertes Sesamöl (siehe Glossar)

6 getrocknete rote Chilis

1 TL schwarze Senfsamen

2 EL fein geriebener Ingwer

80 ml Tamarindenkonzentrat (siehe Glossar)

150 g geriebener Palmzucker (Jaggery)

ERGIBT ETWA 375 ML

Das Sesamöl in einem keinen Topf mäßig stark erhitzen und die Chilis darin anbraten, bis ihre Haut geschwärzt ist. Die Senfsamen zugeben und 20 Sekunden rösten.

Den Ingwer, das Tamarindenkonzentrat und 200 ml Wasser hinzufügen und zum Kochen bringen. Den Palmzucker einrühren und 20 Minuten garen, bis die Masse einen Löffelrücken überzieht. Das Chutney ganz abkühlen lassen und in einem Glas luftdicht verschlossen bis zu 2 Wochen im Kühlschrank lagern.

Pflaumen-Chutney

500 g rote Pflaumen,
entsteint und fein gewürfelt

100 ml Weißweinessig

100 g Zucker

1 Zimtstange

2–3 grüne Kardamomkapseln

2–3 schwarze Pfefferkörner

3–4 g Kaschmir-Chilipulver
(siehe Glossar)

1 kleine Knoblauchzehe,
fein gehackt

ERGIBT 600–700 ML

Sämtliche Zutaten in einem Topf verrühren und bei geringer Hitze 15–20 Minuten garen, bis die Mischung eingedickt ist; ab und zu umrühren. Vom Herd nehmen, abkühlen lassen und in den Kühlschrank stellen. Gekühlt servieren. Luftdicht verschlossen hält sich das Chutney im Kühlschrank bis zu 1 Woche.

Burrani Raita

Joghurt-Knoblauch-Sauce

500 g dicker Joghurt (Vollfettstufe)

12 Knoblauchzehen

½ TL rotes Chilipulver

3 EL Milch

gemahlener Kreuzkümmel
zum Servieren

ERGIBT ETWA 500 ML

Den Joghurt durchrühren, bis er glatt ist.

Den Knoblauch zerstoßen oder pressen, durch ein feines Sieb streichen und den Saft auffangen. Die festen Rückstände wegwerfen.

Den Knoblauchsaft und das Chilipulver unter den Joghurt mischen, salzen und sorgfältig umrühren. Für eine dünnere Konsistenz die Milch unterrühren. Bis zum Servieren kalt stellen.

Mit 1 Prise Kreuzkümmel garnieren und zu Biriyani servieren.

chettiyar chutney

Zwiebel-Tomaten-Chutney

6 Zwiebeln, grob gehackt

10 Eiertomaten, gehäutet und grob gewürfelt

8–10 getrocknete rote Chilis

275 g Tamarindenkonzentrat (siehe Glossar)

75 g Chana Dal (siehe Glossar), geröstet

8 dünne Scheibchen Knoblauch

1 EL raffiniertes Sesamöl (siehe Glossar)

1 TL schwarze Senfsamen

ERGIBT ETWA 375 ML

Sämtliche Zutaten, außer Sesamöl und Senfsamen, im Mixer fein zermahlen und in eine Schüssel füllen.

Das Öl in einer Pfanne mäßig stark erhitzen und die Senfsamen 20 Sekunden anrösten. Unter die Zwiebelmischung mengen.

Joghurtsauce mit Minze

1 Bund Minze samt Stielen

1 Bund Koriandergrün samt Stielen

2 kleine grüne Chilis

2 Knoblauchzehen

1 EL fein geriebener Ingwer

1 TL Kreuzkümmelsamen

1 TL Zucker

10 schwarze Pfefferkörner

500 g dicker Joghurt (Vollfettstufe)

Saft von 1 Limette

ERGIBT ETWA 500 ML

Die Kräuter samt Stielen grob hacken und in den Mixer geben. Die restlichen Zutaten, außer Limettensaft und Joghurt, hinzufügen und zu einer geschmeidigen Paste zermahlen. Falls nötig einen winzigen Schuss Wasser zugeben.

Den Joghurt in einer Schüssel glatt rühren. Die Kräutermischung und den Limettensaft unterziehen, salzen und bis zur Verwendung kalt stellen.

(Bild siehe Seite 216)

Tamarinden-Reis

500 g weißer Langkornreis, abgespült

180 ml Pflanzen- oder Sonnenblumenöl

1 TL schwarze Pfefferkörner

5 getrocknete Chilis

½ TL Bockshornkleesamen

1 Prise Asant (siehe Glossar)

1 TL gemahlene Kurkuma

125 ml Tamarindenwasser (siehe Glossar)

1 EL Chana Dal

1 EL rohe Erdnusskerne

1 EL Koriandersamen, geröstet und gemahlen

1 EL Sesamsamen, geröstet und gemahlen

10 gebratene Curryblätter

FÜR 4 PERSONEN

Den Reis in einem Topf 2,5 cm überstehend mit Wasser bedecken und bei mittlerer Hitzezufuhr zum Kochen bringen. Sobald er etwa drei Viertel gar ist, abtropfen und auf einem Blech ausbreiten. Vollständig abtrocknen und auf Raumtemperatur abkühlen lassen.

Den Reis mit 80 ml des Öls beträufeln.

Weitere 80 ml Öl in einem kleinen Topf mäßig stark erhitzen und die Senfsamen 20 Sekunden anrösten. Chilis, Bockshornklee, Asant und Kurkuma zugeben, dann das Tamarindenwasser zugießen, salzen und 3 Minuten kochen, bis die Mischung sämig eingedickt ist.

In einer kleinen Pfanne das restliche Öl auf mittlerer Stufe erhitzen. Das Chana Dal und die Erdnüsse in dem Öl goldbraun rösten und über den Reis gießen.

Den Koriander, den Sesam, die Tamarindensauce und die Curryblätter über den Reis geben, alles gründlich vermengen und servieren.

zitronenreis

500 g weißer Langkornreis, abgespült

1 EL Pflanzen- oder Sonnenblumenöl

1 TL schwarze Senfsamen

1 Prise Asant (siehe Glossar)

1 TL Chana Dal (siehe Glossar)

1 TL Urad Dal (schwarze Linsen; siehe Glossar)

2 getrocknete rote Chilis, in 2 Hälften zerbrochen

2 kleine grüne Chilis, gehackt

½ TL gemahlene Kurkuma

Saft von 3 Zitronen

1 EL geröstete Cashewkerne

1 EL geröstete Erdnüsse

10 gebratene Curryblätter

FÜR 4 PERSONEN

Den Reis in einem Topf 2,5 cm überstehend mit Wasser bedecken, bei mittlerer Hitzezufuhr zum Kochen bringen und bissfest garen. Den Reis abgießen und in eine große Schüssel füllen.

Das Öl in einer kleinen Pfanne mäßig stark erhitzen und die Senfsamen darin 20 Sekunden anrösten. Asant, Chana Dal, Urad Dal sowie die roten und grünen Chilis zugeben und goldbraun anbraten. Die Kurkuma unterrühren, vom Herd nehmen und auf Raumtemperatur abkühlen lassen.

Den Zitronensaft unter die Würzmischung rühren, über den Reis gießen, salzen und alles gründlich vermengen. Mit den gerösteten Nüssen und den Curryblättern garnieren und servieren.

tipp: Die Würzmischung muss bei Zugabe des Zitronensafts ausreichend abgekühlt sein, sonst wird sie bitter.

quarkreis

500 g weißer Langkornreis, abgespült

1 EL Pflanzenöl

½ TL schwarze Senfsamen

1 getrockneter roter Chili

125 ml Milch

3 kleine grüne Chilis, gehackt

3 cm frischer Ingwer, gehackt

10 Curryblätter

1,3 kg frischer Quark oder dicker Joghurt

FÜR 4 PERSONEN

Den Reis in einem Topf 2,5 cm überstehend mit Wasser bedecken, bei mittlerer Hitzezufuhr zum Kochen bringen und bissfest garen. Das Wasser abgießen, den Reis in eine große Schüssel umfüllen und abkühlen lassen.

Das Öl in einer Pfanne mäßig stark erhitzen und die Senfsamen darin 20 Sekunden rösten. Getrocknete und grüne Chilis sowie Ingwer und Curryblätter zugeben und anschwitzen, bis die Mischung aromatisch duftet, jedoch nicht bräunen. Die Mischung über den Reis geben.

Den Quark unterziehen, salzen, dann die Milch zugießen und alles sorgfältig vermengen. Dieser Reis schmeckt am besten mit Lime Pickle.

Kokosreis

500 g weißer Langkornreis, abgespült

2 EL Kokosöl

½ TL schwarze Senfsamen

1 Prise Asant (siehe Glossar)

1 EL Chana Dal (siehe Glossar)

1 TL Urad Dal (schwarze Linsen; siehe Glossar)

2 getrocknete rote Chilis, in zwei Hälften zerbrochen

1 kleiner grüner Chili, längs halbiert

1 Kokosnuss, Mark geraspelt

10 Curryblätter

1 EL geröstete Cashewkerne

FÜR 4 PERSONEN

Den Reis in einem Topf 2,5 cm überstehend mit Wasser bedecken, bei mittlerer Hitzezufuhr zum Kochen bringen und bissfest garen. Das Wasser abgießen und den Reis in eine große Schüssel umfüllen.

Das Öl in einer Pfanne mäßig stark erhitzen und die Senfsamen darin 20 Sekunden rösten. Asant, Chana Dal, Urad Dal und sämtliche Chilis zugeben und weiter anbraten, bis das Dal goldbraun ist.

Das Kokosmark zugeben und anschwitzen, bis es aromatisch duftet, jedoch nicht bräunen.

Die Mischung vom Herd nehmen, die Curryblätter untermengen und salzen.

Die Würzmischung sorgfältig unter den Reis mengen und mit gerösteten Cashewkernen garnieren.

Rasam-Pulver

8 getrocknete rote Chilis

2 EL Koriandersamen

20 schwarze Pfefferkörner

1 EL Kreuzkümmelsamen

2 EL Toor Dal (gelbe Linsen; siehe Glossar)

1 EL Chana Dal (siehe Glossar)

1 TL gemahlene Kurkuma

ERGIBT ETWA 125 ML

Sämtliche Zutaten in einer Pfanne ohne Fettzugabe bei mittlerer Hitzezufuhr leicht rösten. Die Pfanne ab und zu rütteln, damit die Gewürze nicht verbrennen. Die Mischung in einer Gewürzmühle oder im Mörser fein zermahlen und in einem luftdicht verschlossenen Glas lagern. Sie hält sich bis zu 6 Monate.

chapati

500 g Mehl oder Vollkorn-Atta-Mehl

1 TL Salz

1 EL Ghee (siehe Glossar) oder Butter zum Einfetten

ERGIBT 18–20 STÜCK

Das Mehl in eine große Schüssel sieben und in der Mitte eine Mulde hineindrücken. Nach und nach mit der Hand 300 ml Wasser untermengen und alles zu einem geschmeidigen Teig verkneten. Das Salz einarbeiten, den Teig mit einem Deckel oder Frischhaltefolie zudecken und 20–30 Minuten ruhen lassen.

Den Teig noch einmal kurz durchkneten und in 18–20 Bällchen zerteilen.

Die Handflächen leicht mit Ghee einfetten, die Teigbällchen abflachen, leicht mit Mehl bestauben, damit sie nicht an der Arbeitsfläche kleben, und mit einem Wellholz zu dünnen Fladen von 13 cm Durchmesser ausrollen.

Eine Bratpfanne oder eine spezielle indische Tawa-Pfanne mäßig stark erhitzen. Sobald sie heiß ist, das erste Chapati einlegen und backen, bis sich kleine Luftblasen im Teig bilden. Wenden und noch kurz von der anderen Seite backen.

Wenn der Fladen von beiden Seiten gebacken ist, die Ränder mit einem sauberen Tuch sanft andrücken, damit sich das Chapati aufbläht. Aus der Pfanne nehmen und heiß servieren.

Den restlichen Teig in gleicher Weise zu Chapati backen.

tipp: Sie können die Chapati 20 Minuten im Voraus backen und bis zur Verwendung in ein Küchentuch einschlagen und luftdicht verschlossen lagern – so bleiben sie weich. Sie können sie auch vor dem Servieren mit etwas Ghee bestreichen.

(Bild siehe Seite 216)

puri

225 g Mehl oder Vollkorn-Atta-Mehl

1 TL Salz

80 g Ghee (siehe Glossar) zum Einfetten

Pflanzen- oder Sonnenblumenöl zum Frittieren

ERGIBT ETWA 10 STÜCK

Das Mehl in eine große Schüssel sieben und in der Mitte eine Mulde bilden. Mit der Hand nach und nach 100 ml Wasser untermengen und kneten, bis sich ein dicker Teig gebildet hat. Das Salz einarbeiten, den Teig mit einem Deckel oder Frischhaltefolie zudecken und 30 Minuten ruhen lassen.

Den Teig noch einmal kurz durchkneten und in golfballgroße Portionen teilen.

Die Handflächen mit etwas Ghee einfetten, die Teigbällchen flach drücken, leicht mit Mehl bestauben, damit sie nicht kleben, und mit einem Wellholz zu dünnen Fladen von 7,5–10 cm Durchmesser ausrollen.

In einem kleinen hohen Topf Öl auf 180 °C erhitzen – färbt sich ein Brotwürfel darin binnen 15 Sekunden goldbraun, ist es heiß genug. Die Puri einzeln in das heiße Öl gleiten lassen und während des Frittierens mit einer Schaumkelle nach unten drücken, sodass sie ganz im Öl eingetaucht sind. So bläht sich das Brot besser auf. Sobald das Puri goldbraun und aufgebläht ist, mit der Schaumkelle herausheben und sofort servieren. Die restlichen Puri in gleicher Weise ausbacken.

(Bild siehe Seite 217)

Glossar

Ajowan Botanisch gehört Ajowan, auch *ammei* genannt, zur selben Familie wie Koriander, Kreuzkümmel und Fenchel. Es wird gelegentlich auch als indischer Kümmel bezeichnet. Die ganzen Samen werden als Aromastoff in Ausbackteigen und für das *tadka* (siehe dort) verwendet. Ajowan hat einen beißenden Geschmack und sollte maßvoll dosiert werden. Es fördert die Verdauung und hilft bei Übelkeit.

Amchur *(Mangopulver)* Ein in Nordindien viel verwendetes Säuerungsmittel. Es wird aus sonnengetrockneten grünen Mangos gewonnen und vornehmlich über *Chaat-* und *Tandoori-*Zubereitungen gestreut.

Asant *(Asafoetida, Teufelsdreck)* Ein sehr aromatisches Harz, das aus dem Wurzelstock der Asantpflanze gewonnen wird. Es wird hauptsächlich aus dem Iran importiert. Das im Rohzustand ziemlich penetrante Gewürz entwickelt in heißem Öl ein volles, an Zwiebel und Knoblauch erinnerndes Aroma. In der Küche der Hindus wird Asant nie mit Knoblauch kombiniert, da sie im Geschmack zu ähnlich sind. Geschätzt ist Asant auch wegen seiner verdauungsfördernden Wirkung. Es wird gewöhnlich in Pulverform im Indien- oder Asia-Markt angeboten.

Atta-Mehl Ein kleberreiches Mehl, das für ungesäuerte indische Brote wie Chapati, Puri, Naan und Paratha verwendet wird. Erhältlich ist es im Indien-Markt oder über das Internet.

Bockshornkleeblätter Die auf Hindi *kasuri methi* genannten Blätter des Bockshornklees dienen getrocknet als Würzzutat. Sie haben einen bitteren Geschmack und werden nur sparsam verwendet. Man findet sie im Indien- oder Asia-Markt.

Chana Dal Schwarze Kichererbsen *(kala chana)*, die von ihrer dunklen Samenhülle befreit und halbiert wurden. Sie sehen aus wie gelbe Spalterbsen, zerkochen jedoch nicht wie jene zu Brei. Chana Dal ist im indischen Lebensmittelhandel erhältlich.

Charoli Der weiche Samen eines in Nordwestindien kultivierten Baumes, auf Hindi *chironji* genannt. Er wird für Süßspeisen und zum Binden von Saucen verwendet und hat ein süßliches Aroma.

Chilipulver Chili ist ein wesentlicher Bestandteil aller indischen Regionalküchen und je nach Region und Eigenschaften findet eine Vielzahl verschiedener Schoten und Pulver Verwendung. Der dunkelrote Kaschmir-Chili ist zurückhaltend im Aroma, mäßig scharf und verleiht Zubereitungen eine tiefrote Farbe. Er erinnert an Paprika, wenngleich er eine Spur feuriger ist. In Pulverform werden überwiegend rote Chilisorten eingesetzt, die für eine kräftige, beißende Schärfe sorgen und daher sparsam dosiert werden sollten. Später kann man die Dosis immer noch erhöhen. Gelbe Chilis sind hauptsächlich in der Mughlai-Küche des Nordens verbreitet. Sie verleihen Speisen eine leuchtende goldgelbe Tönung und eine feurige Note.

Curryblätter In der südindischen Küche sind die Blätter der Curry-Orangenraute eine wichtige Würzzutat. Sie werden frisch oder getrocknet verwendet, wobei die frischen Blätter aromatischer sind. Sie halten sich nicht besonders lange im Kühlschrank und sollten bald verbraucht werden. Um ihr Aroma freizusetzen, gibt man die Blätter meist in heißes Öl. Verwendet werden sie als Garnitur und für *tadka*s (siehe dort).

Drumsticks Die langen, schotenartigen Früchte des Meerrettichbaums, *muringa kai* auf Tamil, werden in weiten Teilen Südindiens verwendet. Sie sind

recht faserig und haben eine harte holzige Schale. Da das Fruchtmark im Innern gegart werden muss, schneidet man die Schoten zuvor in 5 × 8 cm lange Stücke. Die harte Hülle wird lediglich durchgekaut, um das weiche Mark herauszulösen. Drumsticks müssen in Saucen gut durchgegart werden. Man bekommt sie frisch, tiefgefroren oder in der Dose im indischen Lebensmittelhandel.

Garam Masala Garam bedeutet »heiß« und bezieht sich auf die Intensität von Gewürzen, und Masala ist schlicht eine Kombination verschiedener Gewürze. So bezeichnet Garam Masala jede Mischung von Gewürzen, ob ganz oder gemahlen. Jeder indische Haushalt verwendet sein eigenes Garam Masala, wobei die Rezepturen je nach Erfordernissen und persönlichem Geschmack variieren. Ein typisches Garam Masala besteht aus schwarzem Pfeffer, Nelken, Zimt, Kreuzkümmel und Kardamom.

Ghee Dieses indische Butterschmalz gibt es küchenfertig im Asia-Markt und in manchen Supermärkten zu kaufen. Reichlich Verwendung findet es in der Punjab-Küche, wo es vielen Gerichten Substanz verleiht. Ghee ist lange haltbar und muss nicht kühl gelagert werden.

Iddiappam-Mehl Iddiappam ist eine traditionelle Spezialität aus Südindien, bei der Reismehl in Nudelform gepresst, zu runden Küchlein geformt und gedämpft wird. Das Reismehl wird von Hand gestoßen. Für Iddiappam wird weißes wie braunes Reismehl verwendet. Erhältlich ist es im indischen Lebensmittelhandel.

Kardamom *(braun & grün)* Grüner Kardamom stammt hauptsächlich aus Südindien und Sri Lanka. Er wird ganz oder gemahlen verwendet und ist ein Hautbestandteil von Garam Masala. Die zerstoßenen Samen kommen auch bei Süßspeisen zum Einsatz. Brauner Kardamom wird in den Ausläufern des Himalajas angebaut. Seine Kapseln sind größer als die des grünen Kardamoms und haben ein erdig-holziges Aroma. Auch brauner Kardamom ist Bestandteil von Garam Masala. In der nordindischen Küche verwendet man ihn für Pilaw-Reisgerichte *(pullao)*.

Kaschmir-Chilis, rote siehe Chilipulver.

Kewra-Wasser Eine klare Essenz, die aus den Blüten der Pandanuspalme gewonnen wird. Sie ist vergleichbar mit Rosenwasser und wird für Fleischgerichte, Biryani (gebratene Reisgerichte) und Süßspeisen eingesetzt. Kewra-Wasser ist ziemlich kräftig, daher sollte man es maßvoll verwenden. Es hält sich bei Raumtemperatur bis zu einem Jahr, gekühlt noch länger. Die Flasche sollte nach Gebrauch sorgfältig verschlossen werden, da das Aroma von anderen Speisen kaum mehr zu entfernen ist.

Kichererbsen, schwarze *(kala chana)* Diese kleinsamigen Kichererbsen sind auch als *bengal gram* bekannt. Sie sind von dunkelbrauner, fast schwarzer Farbe und härter als herkömmliche Kichererbsen. Daher müssen sie vor der Verwendung über Nacht in Wasser eingeweicht werden. Von der Samenhülle befreit und halbiert werden sie zu Chana Dal (siehe dort).

Kithul-Palmzucker *(jaggery)* Ein dunkelbrauner Zuckersirup aus Sri Lanka. Er ist vollkommen natürlich, enthält keine Konservierungsstoffe und chemischen Zusätze und wird als Ersatz für herkömmlichen Zucker verwendet. Gewonnen wird er aus dem Saft der in Sri Lanka beheimateten Kithul-Palme. Jaggery ist in indischen und sri-lankischen Feinkostläden erhältlich.

kokosnuss Vor allem in der Küche Südindiens ist die Kokosnuss sehr beliebt. Sie wird in einer Vielzahl von Formen eingesetzt: getrocknet, als Öl, Milch oder Creme und als Paste. Kokos hat ein süßliches Aroma und dient bei manchen Gerichten als Bindemittel. Bei frischen Kokosraspeln handelt es sich um das geriebene Mark der Kokosnuss. Man bekommt es tiefgefroren beim Inder. Die meisten anderen Handelsformen sind im Supermarkt erhältlich.

kreuzkümmel, schwarzer *(jeera)* Kreuzkümmel gehört botanisch zur selben Familie wie Fenchel, Kümmel und Anis. Er wird in Pulverform oder gemahlen verwendet. Schwarzer Kreuzkümmel ist ein empfindliches Gewürz und wird bitter, wenn man ihn länger als eine Minute gart. Er wird als Bestandteil von *tadka* (siehe dort) zum Abrunden von Gemüsezubereitungen ohne Sauce und für Pilaw-Reisgerichte *(pullao)* eingesetzt.

mangostane *(kokam)* Die purpurfarbenen Früchte des Mangostanbaumes werden entlang der Westküste Indiens als Säuerungsmittel eingesetzt. Zum Kochen verwendet wird die in der Sonne getrocknete Schale, die Zubereitungen eine saure Note und eine dunkle violette Färbung verleiht. Geschmacklich erinnern Mangostanen an Tamarinde, die mehr im Süden Indiens verbreitet ist.

mohnsamen, weiße Die auch *khus-khus* genannten weißen Mohnsamen verwendet man hauptsächlich zum Binden von *Mughlai*-Gerichten. Sie werden in Wasser eingeweicht und anschließend zu einer glatten Paste zermahlen.

mung dal Die grünen Mungbohnen, auch Jerusalembohnen genannt, müssen zunächst in Wasser eingeweicht werden, bevor man sie zu Dals verarbeitet. Die geschälten und halbierten Bohnenkerne sind hellgelb und werden für Pfannkuchenteige und gelbe Dals verwendet.

palmessig Dieser milchig-weiße Essig wird aus dem vergorenen Saft von Palmenblüten gewonnen. Er dient auch als Ersatz für den aus Palmwein gewonnenen Toddy-Essig.

panch phoron masala Wörtlich »Fünf Gewürze«, eine in der ostindischen Küche verbreitete Mischung aus ganzen Gewürzen. Sie besteht zu gleichen Teilen aus Fenchelsamen, Senfsamen, Bockshornklee, Schwarz- und Kreuzkümmel. Der Anteil an Bockshornklee kann wegen seiner bitteren Note auch geringer sein. Panch Phoron Masala wird gewöhnlich ungemahlen verwendet.

panir Ein Frischkäse, hergestellt aus erhitzter Milch, die durch Zugabe von Zitronensaft oder Essig zum Gerinnen gebracht wird. Der dickgelegte Bruch wird anschließend in Käseleinen abgetropft und dann wahlweise zu Blöcken gepresst oder in seiner krümeligen Form belassen. Panir findet man im Kühlregal indischer Lebensmittelgeschäfte.

paratha Ein Oberbegriff für indische Fladenbrote, die aus Atta- oder gewöhnlichem Mehl gebacken werden. Es gibt eine ganze Reihe von Paratha-Sorten mit unterschiedlicher Konsistenz und Füllung.

roti Ein ungesäuertes indisches Brot aus Atta-Mehl, das auf einer heißen Platte oder in der Grillpfanne gebacken wird.

schwarzkümmel *(kalonji)* Die kleinen schwarzen Samen des Echten Schwarzkümmels sind in der indischen Küche als milder Pfefferersatz beliebt. Sie riechen kaum und entfalten ihr Aroma erst durch Erhitzen. Schwarzkümmel ist ein Bestandteil der Panch-Phoron-Gewürzmischung (siehe oben). Sein zwiebelähnlicher Geruch hat ihm im Englischen den Namen *black onion seeds* – »schwarze Zwiebelsamen« – eingetragen.

senföl Vornehmlich in der nordindischen Küche kommt Senföl zum Einsatz. Es hat ein beißendes Aroma und wird als Garfett zunächst bis fast zum Rauchpunkt erhitzt, um Geruch und Geschmack zu mildern. Senföl wird aus schwarzen oder weißen Senfsamen gepresst. Es soll den Haarwuchs fördern, die Haut straffen und die Sehfähigkeit verbessern.

sesamöl Anders als das in den Küchen Südostasiens verwendete Sesamöl ist die indische Variante geschmacksneutral und wird als raffiniertes Sesamöl verkauft. Auf Tamil heißt es *nalla ennai,* was so viel bedeutet wie »gutes Öl«.

tadka Eine im Englischen *tempering* (frei: Milderung, Entschärfung) genannte Garnitur- und Zubereitungstechnik, bei der Gewürze in heißem Öl geröstet werden, damit sie ihr Aroma entfalten. Die Mischung wird anschließend samt dem Öl über das fertige Gericht gegossen oder untergerührt. Sie kann aber auch am Beginn einer Zubereitung stehen. Eine ebenfalls verbreitete Bezeichnung ist *chaunk*.

tamarinde *(Mark, Konzentrat & Wasser)* Die schotenartigen Früchte des Tamarindenbaums, deren Mark herausgelöst und in ganz Indien als pikantes Säuerungsmittel eingesetzt wird. Es wird in Form von gepressten Blöcken in indischen Läden angeboten und muss zunächst in heißem Wasser aufgelöst werden. Die dicke Masse wird anschließend durchgeseiht und als »Tamarindenwasser« weiterverarbeitet. Ebenfalls im Handel erhältlich ist ein pastenartiges Tamarindenkonzentrat.

toddy-essig Portugiesische Siedler aus Goa führten den Toddy ein, einen alkoholischen Drink aus vergorenem Palmsaft. Die Christen in Goa bereiteten daraus Essig, den sie für verschiedene Fleisch- und Fischgerichte einsetzten. Er sollte immer in der letzten Zubereitungsphase zugegeben werden, da er mit zunehmender Gardauer bitter wird. Außerhalb Goas ist Toddy-Essig nicht leicht zu finden, doch kann man ihn durch Palm- oder Malzessig ersetzen.

toor dal *(gelbe Linsen)* Die halbierten gelben Linsen werden für die Zubereitung des in Südindien und Sri Lanka beliebten Gerichts *sambar* verwendet. Sie sind reich an Proteinen und kommen überall in Indien vor allem für vegetarische Gerichte zum Einsatz. Toor-Dal-Linsen benötigen nur kurze Garzeiten und müssen – wenn überhaupt – nur kurz eingeweicht werden.

urad dal Die im ungeschälten Zustand schwarzen Urdbohnen werden für das beliebte Dal Makhani verwendet. Sie müssen über Nacht eingeweicht und dann ganz langsam gegart werden, damit sie ihr üppiges, cremiges Aroma entfalten. In Südindien verarbeitet man geschälte und halbierte Urdbohnen zu Backteigen für Dosas und Idlis. Wegen ihrer nussigen, knackigen Beschaffenheit setzt man sie auch zum Garnieren und Abrunden (*tadka*) von Gerichten ein.

zimtkassie Die auch als Chinesischer Zimt bekannte aromatische Rinde ist eng mit dem Ceylonzimt verwandt, jedoch härter und von dunklerer, holzähnlicher Erscheinung. Zimtkassie wird ganz oder gemahlen eingesetzt und ist Bestandteil von Garam Masalas.

gewürzmühlen Indische Gewürzmühlen haben ein besonders starkes Mahlwerk und sind oft so beschaffen, dass auch Pasten und Flüssigkeiten mit den Gewürzen verarbeitet werden können. Als Ersatz eignet sich eine elektrische Kaffeemühle mit Schlagmesser zum Mahlen harter Gewürze. Flüssige Zutaten können anschließend im Mixer oder per Hand untergerührt werden.

danksagung

Ein großes Dankeschön, *nanri*, wie wir auf Tamil sagen, an Murdock Books für ihre Hilfe bei der Gestaltung unseres ersten Kochbuchs. Unseren herzlichsten Dank an Sally Webb und das Team von Murdock Books, die dieses Buch vom Anfang bis zum Ende als ihr eigenes betrachteten. Danke an Laura Wilson (Projektleitung), Tania Gomes (Gestaltung), Michelle Noerianto (Stylistin), Mark Roper (Fotografie), Livia Caiazzo (Redaktionsleitung), Belinda So (Lektorat), Katy Holder (Rezeptredaktion), Brett Sargent, Olivia Andrews und Grace Campbell. Ohne euch wäre das Ergebnis nicht so schön geworden, wie es ist.

An Les Luxford für seine langjährige Unterstützung und Beratung und für seine Bereitwilligkeit, das Vorwort zu diesem Buch zu schreiben.

An Simon Thompson, der unsere Geschichte lektorierte und unseren Empfindungen den richtigen Ton gab. An Mohanchandran (Taj General Manager) und Seema, eure Hilfe auf unseren kulinarischen Entdeckungsreisen durch Indien wird uns immer in dankbarer Erinnerung bleiben.

Danke an Praveen Anand (Koch im Park Sheraton, Chennai), ein wandelndes Lexikon über die südindische Küche, auf das wir uns bei unseren Recherchen immer verlassen konnten. Wir möchten *allen* indischen Köchen danken, die uns bei unseren Rezeptrecherchen geholfen haben: Amit Choudhury (Taj Palace, Delhi), Sujaon Mukherjee (Taj Bengal), Ganesh Joshi (Taj Srinagar), Narendra Singh (Taj Lucknow) und Valentine (Taj Lucknow).

Danke an Luke Nguyen und Susanna für ihren Anstoß, dieses wunderbare Projekt in Angriff zu nehmen.

Danke an die Teams im Abhi's und Aki's – Ranjan und Vikram für ihre immer bereitwillige Unterstützung.

Ein spezieller Dank an Akshay für die vielen unermüdlichen, spätnächtlichen Rezepttests, immer mit dem nötigen Biss.

Register

A
Aatukal Karaikudi 52
Ajowan 222
Aki's Eisenbahn-Ziegencurry 115
Akoori 87
Amchur 222
Ananas
    Ananas-Grießbrei 205
    Ananas-Kesari 205
Arikadukka 138
Asafoetida 222
Asant 222
Atta-Mehl 222
Auberginen
    Auberginencurry mit Chili 65
    Gefüllte Auberginen 107
Austern mit Mango 62
Avial 7

B
Bananen mit Kokos 15
Bebinca 97
Blumenkohl mit Kokosnuss 16
Bockshornkleeblätter 222
Brinjal Mirchi Salan 65
Burrani Raita 211

C
Chana Dal 222
Chapati 218
Charoli 222
Chatpata Machli 74
Chilipulver 222
Chutneys
    Chettiyar Chutney 212
    Dattel-Tamarinden-Chutney 108
    Grünes Chutney 210
    Koriander-Chili-Chutney 210
    Minze-Koriander-Chutney 108
    Pflaumen-Chutney 211
    Tamarinden-Ingwer-Chutney 210
    Tomaten-Chili-Chutney 108
    Zwiebel-Tomaten-Chutney 212
Currys
    Aki's Eisenbahn-Ziegencurry 115
    Auberginencurry mit Chili 65
    Curry mit Bittermelonen 34
    Entencurry nach Art von Kerala 122
    Fischcurry »Filsumai« 178
    Fischcurry mit Tamarinde 142
    Fischcurry nach Art von Goa 79
    Fisch-Haschee-Curry 194
    Garnelencurry mit Okras 90
    Garnelencurry nach Art von Kerala 88
    Gemüsecurry mit Joghurt 7
    Goldenes Lammcurry 126
    Grünes Hähnchencurry 71
    Hähnchencurry mit Kartoffeln 93
    Hähnchencurry mit Safran 118
    Hähnchencurry mit Tomaten & Paprika 153
    Hähnchencurry nach Art von Mangalore 134
    Hähnchencurry nach Art von Mysore 112
    Käse-Erbsen-Curry 72
    Lammcurry mit Cashewkernen & Kokos 119
    Linsen-Spinat-Curry 20
    Lotoscurry 196
    Meeresfrüchtecurry mit fünf Gewürzen 147
    Tamilisches Fischcurry 89
    Würziges Hähnchencurry 21
    Wurstcurry nach Art von Goa 121
Curryblätter 222

D
Dal
    Dal-&-Spinat-Massial 20
    Großmutters Dal 4
    Kaali Dal 8
    Linsensuppe 4
Desserts
    Ananas-Grießbrei 205
    Bengalische Grießkrapfen 202
    Indischer Pudding mit Palmsirup 172
    Mughal-Brot-&-Butter-Pudding 54
    Parsischer Hochzeitspudding 96
    Pistazien-Kulfi 162
    Reispudding 27
    Schichtkuchen nach Art von Goa 97
    Süße gebackene Joghurtcreme 201
    Süßer Rote-Bete-Pudding 28
Dhaba Aloo Murg 93
Dosa, Großmutters 19
Drumsticks 222
Duck-Seekh-Kebabs 187

E
Ei
    Rührei mit Curry 87
Eis
    Pistazien-Kulfi 162
Ente
    Entencurry nach Art von Kerala 122
    Enten-Mappas 122
    Gegrillte Kebabs aus Entenbrust 187

F

Fisch
- Fisch-Caldin 178
- Fischcurry »Filsumai« 178
- Fischcurry mit Tamarinde 142
- Fischcurry nach Art von Goa 79
- Fisch-Haschee-Curry 194
- Fisch-Tikka 155
- Flathead-Pakora 22
- Gebackener Fisch 22
- Gebratenes Fisch-Masala 132
- Gegrillter Schwertfisch 155
- In Bananenblättern gedämpfter Fisch 84
- Panierter Lachs 51
- Scharfer gebratener Fisch 74
- Snapper in der Gewürzkruste 150
- Tamilisches Fischcurry 89

G

Garam Masala 223
Garnelen
- Garnelen mit Wintermelone 180
- Garnelencurry mit Okras 90
- Garnelencurry nach Art von Kerala 88

Gemüse
- Auberginencurry mit Chili 65
- Bengalische frittierte Kürbisblüten 192
- Blumenkohl mit Kokosnuss 16
- Garnelen mit Wintermelone 180
- Garnelencurry mit Okras 90
- Gefüllte Auberginen 107
- Gemüsecurry mit Joghurt 7
- Käse-Erbsen-Curry 72
- Kartoffel-Karakari 14
- Knusprig frittierte Okraschoten 53
- Luffa & Kartoffeln 152
- Pikante Bratkartoffeln 14
- Süßer Rote-Bete-Pudding 28

Ghee 223

Grieß
- Ananas-Grießbrei 205
- Bengalische Grießkrapfen 202
- Panierter Lachs 51
Gutti Venkai Koora 107

H

Halwa
- Rote-Bete-Halwa 28
Huhn
- Gebratenes Hähnchen auf parsische Art 92
- Grünes Hähnchencurry 71
- Hähnchen »65« 37
- Hähnchen Cafreal 71
- Hähnchen Chettiyar Milagu 153
- Hähnchen Chukka 104
- Hähnchen Harra Masala 40
- Hähnchen mit Koriander & Minze 40
- Hähnchen nach Art der Chettiaren 104
- Hähnchencurry mit Kartoffeln 93
- Hähnchencurry mit Safran 118
- Hähnchencurry mit Tomaten & Paprika 153
- Hähnchencurry nach Art von Mangalore 134
- Hähnchencurry nach Art von Mysore 112
- Tandoori-Hähnchen 125
- Würziges Hähnchencurry 21

I/J

Iddiappam-Mehl 223
Jackfrucht-Payasam 27
Jaggery 223
Jakobsmuscheln Tamateri 188
Jeera 224
Jhinge Aloo Posto 152
Joghurt
- Frittierte Kichererbsenklöße mit Joghurtsauce 66
- Gemüsecurry mit Joghurt 7
- Joghurtdressing 108
- Joghurt-Knoblauch-Sauce 211
- Joghurtsauce mit Minze 212
- Süße gebackene Joghurtcreme 201

K

Kadai Mangai Curry 165
Kakori Kebabs 146
Kala chana 222, 223
Kalb
- Kalbs-Pasanda 166
- Kalbsröllchen in Mandel-Safran-Sauce 166
Kalonji 225
Kanavai Nerachathu 177
Karara Bhindi 53
Kardamom 223
Karela Masala 34
Kartoffeln
- Hähnchencurry mit Kartoffeln 93
- Indischer Straßensnack 108
- Kartoffel-Karakari 14
- Luffa & Kartoffeln 152
- Pikante Bratkartoffeln 14
Kaschmir-Chilis *siehe* Chilipulver
Käse-Erbsen-Curry 72
Kebab
- Gegrillte Kebabs aus Entenbrust 187
- Lammhack-Kebabs 146
Kesar Badami Khurma 118
Kewra-Wasser 223
Kichererbsen
- Frittierte Kichererbsenklöße mit Joghurtsauce 66
- Indischer Straßensnack 108
- Schwarze Kichererbsen 222, 223
Kithul-Palmzucker 223
Kokam 224
Kokosnuss
- Bananen mit Kokos 15
- Blumenkohl mit Kokosnuss 16
- Kokos-Chili-Krabbe 145
- Kokoskrabbe mit gedämpften Reisnudelküchlein 184

Kokosnuss 224
Kokosreis 215
Lammbällchen in Kokos-Curry-Sauce 130
Lammcurry mit Cashewkernen & Kokos 119
Kola Urundai Kurma 130
Kori Gazi 134
Kothu Kari 39
Krabben-Iddiappam 184
Kreuzkümmel, schwarzer 224
Kuchen
Schichtkuchen nach Art von Goa 97
Kumro Phool Bhajja 192
Kundan Kaliyan 126
Kürbisblüten, bengalische frittierte 192

L
Lachs, panierter 51
Lagan Nu Cushter 96
Lamm
Goldenes Lammcurry 126
In Milch gegarte, knusprig gebratene Lammrippchen 135
Lamm à la Karaikudi 52
Lamm aus dem Wok 39
Lammhack-Kebabs 146
Lammbällchen in Kokos-Curry-Sauce 130
Lammcurry mit Cashewkernen & Kokos 119
Lammhaxen-Patiala 143
Lamm-Kozhambu 119
Masala-Lamm-koteletts 116
Pikanter Reis mit Lammfleisch 46
Lau Chingri 180
Ledikeni 202
Linsen
Linsensuppe 4
Linsen-Spinat-Curry 20
Schwarze Linsensuppe 8
Lotoscurry 196
Luffa & Kartoffeln 152

M
Maan Porrial 195
Madras-Garnelen-Vendaki 90
Mango
Austern mit Mango 62
Wachteln mit Mangocurry 165
Mangopulver 222
Mangostane 224
Masala
Gebratenes Fisch-Masala 132
Kokos-Chili-Krabbe 145
Masala-Lammkoteletts 116
Masala-Paste 65, 71, 132, 145
Punjabi Bheh Masala 196
Meen Pulli Kozhambu 89
Meeresfrüchte
Austern mit Mango 62
Garnelen mit Wintermelone 180
Garnelencurry mit Okras 90
Garnelencurry nach Art von Kerala 88
Gebratene Jakobsmuscheln mit Tomaten-Chutney 188
Gefüllte Grünschal-muscheln 138
Gefüllter Tintenfisch mit pikanter Tomaten-Coulis 177
Jakobsmuscheln Tamateri 188
Kokos-Chili-Krabbe 145
Krabben-Iddiappam 184
Meeresfrüchtecurry mit fünf Gewürzen 147
Scampi Ajadhina 141
Venusmuscheln nach Goa-Art 191
Mishti Dohi 201
Mohnsamen, weiße 224
Mughal-Brot-&-Butter-Pudding 54
Mung Dal 224
Murghi Nu Farcha 92
Muscheln
Austern mit Mango 62
Gebratene Jakobsmuscheln mit Tomaten-Chutney 188
Gefüllte Grünschal-muscheln 138
Jakobsmuscheln Tamateri 188
Meeresfrüchtecurry mit fünf Gewürzen 147
Venusmuscheln nach Goa-Art 191
Mysore Kozhi 112

N
Nalli Gosht Patiala 143
Nandu Milagu Masala 145

O
Okra
Garnelencurry mit Okras 90
Okraschoten, knusprig frittierte 53

P
Pakodi Kadi 66
Pakora
Flathead-Pakora 22
Palak Patta Chaat 108
Palmessig 224
Panch Phoron Masala 224
Panir 224
Bengalische frittierte Kürbisblüten 192
Bengalische Grießkrapfen 202
Käse-Erbsen-Curry 72
Panir Matar Bhurji 72
Paratha 224
Parsischer Hochzeitspudding 96
Patrani Machi 84
Payasam
Jackfrucht-Payasam 27
Pflaumen-Chutney 211
Pistazien-Kulfi 162
Ponnusamy Biryani 46
Pudding
Indischer Pudding mit Palmsirup 172
Mughal-Brot-&-Butter-Pudding 54
Parsischer Hochzeits-pudding 96

Reispudding 27
Süßer Rote-Bete-Pudding 28
Punjabi Bheh Masala 196
Puri 219

Q
Quarkreis 214

R
Rajastani Laal Maas 45
Rasam 13
Rasam-Pulver 215
Rava Methi Machi 51
Reh
   Wild-Porrial 195
Reis
   Kokosreis 215
   Pikante Reispfannkuchen 19
   Pikanter Reis mit Lammfleisch 46
   Quarkreis 214
   Reispudding 27
   Tamarinden-Reis 213
   Zitronenreis 214
Rind
   Gebratenes Wagyu-Rind nach Kerala-Art 170
   Rindfleisch aus dem Wok mit Chili und Kokos 38
   Rindfleisch mit Aprikosen 73
   Rindfleisch-Jardaloo 73
Rote-Bete-Halwa 28
Roti 224
Rührei mit Curry 87

S
Saucen
   Erdbeersauce 162
   Joghurt-Knoblauch-Sauce 211
   Joghurtsauce (Kadi) 66
   Joghurtsauce mit Minze 212
   Kokos-Curry-Sauce 130
   Mandel-Safran-Sauce 166
Scampi, in der Pfanne gegrillte 141
Schichtkuchen nach Art von Goa 97
Schwarzkümmel 224
Schwein
   Knuspriges Schweinefleisch mit Ingwer-Tamarinden-Glasur 82
   Wurstcurry nach Art von Goa 121
Schwertfisch, gegrillter 155
Seafood Panch Phoron 147
Senföl 225
Sesamöl 225
Shahi Tukda 54
Snapper
   Snapper in der Gewürzkruste 150
   Snapper-Recheado 150
Spinat
   Indischer Straßensnack 108
   Linsen-Spinat-Curry 20
Straßensnack, indischer 108
Suppen
   Linsensuppe 4
   Scharf-sauer-Suppe mit Tamarinde & Chili 13
   Schwarze Linsensuppe 8
Sura Puttu 194
Süßspeisen *siehe* Desserts

T
Tabak Maaz 135
Tadka 225
Tamarinde 225
   Dattel-Tamarinden-Chutney 108
   Ingwer-Tamarinden-Glasur 82
   Scharf-sauer-Suppe mit Tamarinde & Chili 13
   Tamarinden-Ingwer-Chutney 210
   Tamarinden-Reis 213
Tandoori Chooza 125
Tandoori-Hähnchen 125
Teufelsdreck 222
Thengai Erachi 38
Tintenfisch, gefüllter, mit pikanter Tomaten-Coulis 177
Tirunelveli Varutha Kozhi 21
Toddy-Essig 225
Tok Jhol 142
Tomaten
   Gebratene Jakobsmuscheln mit Tomaten-Chutney 188
   Gefüllter Tintenfisch mit pikanter Tomaten-Coulis 177
   Hähnchencurry mit Tomaten & Paprika 153
   Tomaten-Chili-Chutney 108
   Zwiebel-Tomaten-Chutney 212
Toor Dal 225
Tsri Sukhé 191

U
Urad Dal 225
Urulai Chemeen Charu 88

V
Vazhaki Thoran 15
Vellai Porrial 16
Venusmuscheln nach Goa-Art 191

W
Wachteln
   In der Pfanne gebratene Wachteln 179
   Wachteln mit Mangocurry 165
   Wachtel-Porichadu 179
Wagyu-Rind Ullathu 170
Wattalappam 172
Wild-Porrial 195
Wurstcurry nach Art von Goa 121

Z
Ziege
   Aki's Eisenbahn-Ziegencurry 115
   Feuriges Ziegencurry 45
Zimtkassie 225
Zwiebel-Tomaten-Chutney 212

Unser Verlagsprogramm finden Sie unter www.christian-verlag.de

Übersetzung aus dem Englischen: Helmut Ertl
Textredaktion: Silvia Rehder
Korrektur: Petra Tröger
Satz: M. Feuerstein, wigel, München
Umschlaggestaltung: Caroline Daphne Georgiadis, Daphne Design

Gesamtherstellung Verlagshaus GeraNova Bruckmann GmbH

Alle Angaben in diesem Werk wurden von den Autoren sorgfältig recherchiert und auf den aktuellen Stand gebracht sowie vom Verlag geprüft. Für die Richtigkeit der Angaben kann jedoch keinerlei Haftung übernommen werden. Für Hinweise und Anregungen sind wir jederzeit dankbar. Bitte richten Sie diese an:

Christian Verlag
Postfach 400209
80702 München
E-Mail: lektorat@verlagshaus.de

Die Deutsche Nationalbibliothek verzeichnet diese Publikation in der Deutschen Nationalbibliografie; detaillierte bibliografische Daten sind im Internet über http://dnb.d-nb.de abrufbar.

Copyright © 2013 für die deutschsprachige Ausgabe:
Christian Verlag GmbH, München

Die Originalausgabe mit dem Titel *From India. Food, Family & Tradition* wurde erstmals 2013 im Verlag Murdoch Books Pty Limited veröffentlicht.

Copyright © 2013 für den Text: Kumar und Suba Mahadevan
Copyright © 2013 für Fotos: Mark Roper
Copyright © 2013 für Layout und Design: Murdoch Books Pty Limited

Alle deutschsprachigen Rechte vorbehalten.

ISBN 978-3-86244-379-6